青年是国家和民族的希望，创新是社会进步的灵魂，创业是推动经济社会发展、改善民生的重要途径。青年学生富有想象力和创造力，是创新创业的有生力量。

——习近平

创业之路　从这里……起　航

创业进行时 2

CHUANGYE JINXINGSHI

重庆市大学生创业典型案例集

主　审　唐雪平

主　编　张雪松　朱辉荣

副主编　王建东　李　莉

　　　　杨　寒　徐珮杰

重庆大学出版社

图书在版编目(CIP)数据

创业进行时：重庆市大学生创业典型案例集.2 / 张雪松，朱辉荣主编. —重庆：重庆大学出版社，2021.4

ISBN 978-7-5689-2470-2

Ⅰ. ①创… Ⅱ. ①张…②朱… Ⅲ. ①大学生—创业—案例—重庆 Ⅳ. ①G647.38

中国版本图书馆CIP数据核字（2020）第192398号

创业进行时2
——重庆市大学生创业典型案例集

主　编：张雪松　朱辉荣

策划编辑：贾　曼　唐笑水

责任编辑：陈　曦　　版式设计：张　晗
责任校对：张红梅　　责任印制：张　策

*

重庆大学出版社出版发行
出版人:饶帮华
社址：重庆市沙坪坝区大学城西路21号
邮编:401331
电话：（023）88617190　88617185（中小学）
传真：（023）88617186　88617166
网址：http://www.cqup.com.cn
邮箱：fxk@cqup.com.cn（营销中心）
全国新华书店经销
重庆升光电力印务有限公司印刷

*

开本：787mm×1092mm　1/16　印张：11.25　字数：170千
2021年4月第1版　2021年4月第1次印刷
ISBN 978-7-5689-2470-2　定价：34.80元

本书如有印刷、装订等质量问题，本社负责调换

版权所有，请勿擅自翻印和用本书
制作各类出版物及配套用书，违者必究

001 第一部分 项目选择

创业案例

1. 以工匠之心坚守科研初心，为中华之崛起而创业 003
2. 从科技网红到职业公益人 010
3. 初心不忘，“疆”爱传递 018
4. 青春须早为，岂能长少年 024
5. 创业不一定成功，但一定会成长 030
6. 在科学中发现创业商机 036
7. 最“燃”青春在农村 042
8. 在旷野上奔跑的年轻人 048

055 第二部分 创业团队

创业案例

1. 那个十字路口不甘平庸的独行者 057
2. “交创泊联”，城市停车难题应对专家 064
3. 今将万里归，机会不可失 071
4. 凡事皆有可能，永远别说永远 077
5. 化学实验室里的环保追梦者 084
6. “金”棘之下，向阳而生 090
7. 青春梦可期：他们在创业路上风雨无阻 096
8. 平凡中铸就青春理想 102

第三部分 企业运营 107

创业案例

1. 路漫漫其修远兮，吾将上下而求索 109
2. 不负青春，砥砺前行，坚守在创业路上 118
3. 破茧成蝶，振翅高飞 126
4. 情牵美疆，助力家乡 134
5. 新媒体创业达人 142
6. 一切源自坚持和努力 149
7. 创建高校餐饮第一品牌——北木南 158
8. 别怕失败，成功不是说说而已 165

第一部分

项目选择

以工匠之心坚守科研初心，为中华之崛起而创业

——记重庆大学 2018 级学生周言

企业（团队）名称： 重庆焊堡王科技有限公司

成立（创业）时间： 2017 年 11 月

业务范围： 电磁脉冲焊接设备设计研发、电磁脉冲制造技术开发、电磁脉冲制造加工及技术咨询

创始人基本情况： 周言，重庆大学电气工程专业（博士）

主要荣誉

2019 年获全国高校人工智能创新大赛一等奖

2019 年获第十六届“挑战杯”全国大学生课外学术科技作品竞赛二等奖

2018 年获第四届中国“互联网 +”大学生创新创业大赛银奖

2018年获“创青春”浙大双创杯全国大学生创业大赛第十一届“挑战杯”大学生创业计划竞赛银奖

2017 年获重庆市第六届大学生创新创业大赛特等奖

2017 年获第十届中英创业计划大赛总决赛铜奖

重要媒体采访、报道

2018 年 11 月 21 日，中国青年报报道《做深做透做极致，才有你的位置》

2018 年 11 月 6 日，人民网报道《重庆大学获“创青春”全国大学生创业大赛“优胜杯”》

2018 年 11 月 5 日，中国青年报报道《学生创客：学而优则“创”》

2018 年 1 月 19 日，重庆日报报道《凭借可对不同金属进行焊接　重庆大学一团队获特等奖》

创业历程

在一次偶然的机会中，“焊武帝”团队接到一个需要将两种不同金属焊接到一起的项目，因此他们接触到电磁脉冲焊接。“焊武帝”团队的负责人周言在查阅文献的过程中，发现这一先进技术应用前景十分广阔。在欧美发达国家，该技术已经应用到飞机制造、汽车生产以及核燃料棒封装等领域。而由于我国对该技术的研究起步较晚、发展缓慢，目前还没有成熟的、自主研发的电磁脉冲焊接设备，还属于蓝海市场。最重要的是，国外对我国实施禁售禁运高功率电磁脉冲焊接设备的政策，这深深地触动了周言和他的团队伙伴的心。

“为什么要搞科研？就是希望能够通过自己的努力，让国家进步，让中华民族复兴。这就是我作为一名科研工作者的初心。”周言说。“首先要摆正自己的心态，我们不是为了赚取多少利益，而是想要实现自身的社会价值，不让中国制造被外国技术卡住脖子。”同在重庆大学的自动化卓越工程师班的一名学生，也是项目的联合创始人邱玮杰如此说。他们对项目定位与发展思路很清晰，那就是与相关领域专家一起积极推动当前中国电焊机通用技术标准的更新，争取让中国的标准成为世界标准，让中国拥有这方面技术的话语权。

因此，周言立志要组建团队进行技术壁垒攻关。但是，在团队组建方面，一开始也是困难重重，后来通过比赛、培训和学校双选会，周言终于找到了一群志同道合的人，组建起了自己的团队。在技术研发方面，电磁脉冲

焊接技术涉及高电压、大电流，两者都会产生安全隐患，因此在研发过程中遇到的困难、挑战以及失败非常多。有一次，绝缘强度设计得太过理想，而实际实验中由于工艺、材料方面的原因，绝缘强度达不到设计要求，裕度设计也没有留足，在给储能电容充电的过程中，放电开关和连接套筒之间发生了空气间隙击穿放电，10 多千伏的电压将空气瞬间击穿造成短路，释放出巨响，整个实验大楼都听得到。突然的巨响，让周言和他的团队紧张不已，也给实验楼里其他做实验的老师和同学们带来了不安，还被实验楼的管理老师批评了。还有一次故障也让周言记忆犹新，当储能电容充电达到 18 千伏后，连续施加了多次放电控制信号也仍然放不了电。此时电容上的能量巨大，一时半会儿又找不到问题和解决办法，只能拿着接地棒去放电，接地棒上绑着的湿树枝当场燃了起来，出现了明火，看得他们心惊胆战，接着又是一次紧张地灭火。

就这样，周言和他的团队经过 3800 余次实验，在导师的指导下，攻克了“低阻抗同轴电缆技术”“瞬时感应电流测量技术”“多物理场耦合全动态仿真技术”等多个关键技术，得到具有完全自主知识产权的电磁脉冲焊接技术及成套设备，实现了铜—铝合金、铝合金—镁合金、铝合金—钛合金等异种金属的焊接。

焊接是工业的裁缝，是国家工业的重要技术手段之一。传统的电焊总是浓烟弥漫、火花飞溅，而这项电磁脉冲焊接技术环保高效、安全可靠，规避了普通焊接技术的弊端，并且解决了异种金属焊接这一难题。“焊武帝”团队所使用的电磁脉冲焊接技术，在焊接过程中不会产生有毒气体，更加绿色环保，且自动高效，可在 100 微秒左右完成一次焊接，并能突破异种金属间物理性质和化学性质的限制，实现紧密结合。基于此，为推动这一技术迈向生产实际，促进该技术在我国制造业中的发展，同时针对工程一线不断完善该技术，“焊武帝”团队又想到了以创新带动创业，把设备投入市场，同时在实际工程中发现问题，促进技术革新。

于是，“焊武帝”团队与国家电网公司以项目合作的方式，将电磁脉冲焊接技术应用到了电力行业的基建当中，并且在北京的结题会议上受到多位一线工程师的好评。在一次创新创业大赛的总决赛上，“焊武帝”团队的项目得到了资深专家黄子华的高度评价，并收到其赠送的对联“焊钢焊铁焊世界，接天接地接九州”。“焊武帝”团队积极走访了重庆市的相关企业，包括长安汽车、长安福特等，这些企业都对他们的技术产生了浓厚的兴趣。但由于这一技术在国内发展滞后，且此技术的生产线与现有生产线不兼容等问题，其在推广应用上还任重道远。

创业感悟

我们团队在创业过程中收获颇丰。一是丰富了自身的知识体系，学习了经济、财务、工商管理等方面的知识，提升了团队及个人的综合能力。二是深刻认识到技术革新是经济社会发展的巨大引擎，创业需要有核心技术、技术壁垒和市场。因此要沉下心来，扎实做好技术，同时也要积极拓展市场，让更多企业认可我们的产品。三是创业不是轻轻松松就可以完成的事情，创业团队需要有恒心、有毅力，面对失败、挫折要迎难而上，不畏艰险。四是要树立远大理想，勇于担当，瞄准国外“卡脖子”的技术创新创业，我们的创新创业是为了社会发展而服务的，更是为了实现中华民族伟大复兴的中国梦而服务的。

导师点评

大学生创业所处的环境和接触的资源相对社会人士有诸多差异，因此创业项目的来源也是相对独立和有限的。根据近年来的数据统计表明，90% 以上的大学生创业项目来源于与大学生学习、生活相关的各个方面。其中高校科技成果转化是大学生创业独具优势的创业模式，项目发展潜力大、落地成功率高，近年来尤其受到资本市场的持续关注和青睐。这类项目的特点是以教学加科研为背景，优势在于依托了高校师生的科技成果、发明专利、科研立项，结合未来产品或者服务的应用场景，打通“产、学、研、用”的关键通道，实现价值、效率的大幅度提升。重庆大学“焊武帝”团队的项目正是一群“本硕博”在校大学生为核心团队，成功地成为高校专家与市场资本之间沟通和执行的桥梁，为实验室的新技术找准了产品方向，并经过工程化、产业化后，将高校科研成果成功转化为产品，进而落地走向市场。

此外，“焊武帝”团队的项目主要方向是利用电磁脉冲技术实现异种金属的焊接，这涉及机械学、材料学、电子学等多学科交叉，这正是我国新工科未来建设的主要方向，也是未来新型材料的发展方向，同时也是未来创新型科技人才的培养方向。在第三届中国“互联网 +”大学生创新创业大赛中，也有一个与之类似的项目：西安交通大学的大学生创业项目——“陶金之恋——陶瓷金属钎焊技术领跑者”。该项目依托学校材料学院表面工程研究中心与焊接研究所基于陶瓷表面金属化及焊接方面的系列科研成果，结合西安交通大学电气学院可靠性与寿命评估实验室关于在线监测方面的技术积累，在电动汽车用直流接触器封焊领域、真空开关灭弧室封焊领域、功率器件热沉封装领域进行科技成果转化，突破了国外技术封锁，提升了国产陶瓷—金属封装类产品的焊接质量，延长了产品使用寿命，提升了国际竞争力，从而一举获得了全国比赛的金奖。

因此多学科交叉的新工科创业项目在高校创业项目中具有极高技术含量和重要意义，这也是国家新工科建设的导向使然。为主动应对新一轮科技革命和产业变革，加快培养新兴领域工程科技人才，改造升级传统工科专业，主动布局未来战略必争领域人才培养，教育部成立了“全国新工科教育创新中心”，探索形成中国特色、世界水平的新工科教育体系，打造世界工程创新中心和人才高地。重庆大学“焊武帝”团队的成员就是来自多个学科专业，通过跨学科项目平台，推进跨学科合作学习，让不同专业师生思维碰撞，创新开展跨学科、跨专业联合毕业设计，培养了解决复杂工程问题的新工科人才。

从技术方面而言，“焊武帝”团队为了研制出高品质的电磁脉冲焊接装置，从第 1 代工程样机到第 2 代、第 3 代，团队历时 4 年，相继攻克了多个关键技术：首次提出了基于 EMIH 技术的 EMHW 技术，率先应用了低阻抗—全同轴结构连接的方式；首次研发了先进的 ns 级同步触发系统，率先实现了将该种技术应用在变电站接地网焊接；首次研制了基于双 D-L 系统的电流传感器，率先构建了电磁脉冲焊接全动态过程仿真模型，从而实现焊接过程中不会产生脆性间化物。

异种金属的电磁脉冲焊接技术可以拓展的工业领域非常广泛，上到航空航天，下到家电制造，可以大大降低生产成本。比如电磁脉冲焊接的电缆接头，接触电阻降低 27%，每小时每个接头损耗减少三度电，冷凝管采用铜铝结构替代全铜材料后，成本能从 100 元降到 50 元。此前这种尖端技术，一直被国外封锁，让中国制造被外国技术卡住脖子，而“焊武帝”团队所研究的 6 项技术成果推动了当前中国电焊机通用技术标准的更新，不仅打破了国际封锁，而且一举超越，处于世界领先地位，让中国拥有了这方面技术的话语权。

综上，重庆大学“焊武帝”团队项目不仅是高校科技成果转化的典型项目，也是多学科交叉联合培养新工科人才的典型代表，更有打破国际封锁的行业技术成果，对于其他同类大学生创业项目来说具有极高的参考价值。

点评导师：万学创世教育科技有限公司 CEO 兼总裁　曾劲

从科技网红到职业公益人

——记重庆大学 2015 级学生谷旭阳

企业（团队）名称：唯爱公益残疾人帮扶中心

成立（创业）时间：2016 年 4 月

业务范围：社区社会工作服务

创始人基本情况：谷旭阳，重庆大学戏剧与影视学专业（硕士研究生）

主要荣誉

2019 年获第五届中国“互联网 +”大学生创新创业大赛银奖

2019 年获第五届中国“互联网 +”大学生创新创业大赛重庆赛区选拔赛金奖

2018 年获第四届中国“互联网 +”大学生创新创业大赛银奖

2018 年获第四届中国“互联网 +”大学生创新创业大赛重庆赛区选拔赛青年红色筑梦之旅精准扶贫奖

2018 年获“创青春”浙大双创杯全国大学生创业大赛公益创业赛铜奖

2018 年获第六届阿克苏诺贝尔中国大学生社会公益奖银奖

2017 年获第十一届 iCAN 国际创新创业大赛中国总决赛三等奖

重要媒体采访、报道

2020 年 3 月 15 日，重庆日报报道《“云”植树　这群志愿者帮助特殊孩子播下希望的种子》

2020 年 2 月 25 日，新湖南、三湘都市报报道《大学生志愿者：特殊时期用爱心守护特殊孩子》

2019 年 7 月 14 日，华龙网报道《重庆大学七色光绘梦团“送教上门推普脱贫”走进中益小学》

2019 年 6 月 14 日，重庆日报报道《“青年红色筑梦之旅”在浙江嘉

兴启动　重庆大学学生作领誓人》

2019 年 4 月 4 日，华龙网报道《唯爱有心志愿者团队赴石柱开展高校文明结对帮扶活动》

2019 年 3 月 12 日，华龙网报道《重庆大学“唯爱有心”志愿者赴特教学校开展“纸上植树”活动》

2019 年 1 月 21 日，上游新闻报道《赞！大四学生用直播做公益　累计捐出 291 万》

2019 年 1 月 18 日，华龙网报道《大学生志愿者走进特殊教育学校　让孩子们感受声音的魅力》

2018 年 12 月 18 日，中国青年报、中青在线报道《公益创业要聚焦社会痛点》

2018 年 9 月 14 日，重庆日报报道《大学生公益组织创立者谷旭阳：创办唯爱公益　帮扶特教学生》

创业历程

“我们家里有两名特教老师，我从小就和这些特殊学生在一起玩耍。”谷旭阳如此回忆道。谷旭阳的母亲是特教学校的手语老师，一家人因为一直住在学校家属院，所以谷旭阳幼时的玩伴中有很多都是残疾孩子。在谷旭阳的印象中，母亲的声音一直是嘶哑的。“尽管这些孩子听不见，我妈妈在教手语的时候，也放开声音讲话。”他说，特教学校的学生大多来自农村家庭，这些特教学生生病了，妈妈陪在他们身边；走丢了，妈妈半夜去寻找……这一幕幕都被谷旭阳看在眼里。

母亲从事这个职业二十多年，带出了一大批学生。谷旭阳也希望有一天，自己能接过母亲手中的接力棒，继续帮助特教学生。

在重庆大学，谷旭阳选择了播音主持专业。从大一开始，喜爱科技产品的谷旭阳常常在网上发布科技新产品的体验视频。

三年前，小米发布第一代手环产品，谷旭阳成为第一批“抢”到产品的幸运儿，他激动地拍摄了产品测评视频，传到网上后，收获了第一批粉丝。

此后，谷旭阳以自媒体运营者的身份开始与许多国产手机厂商合作，持续在网上发布产品测评视频，为新产品进行推广。到 2017 年底，他运营的“美丽科技”自媒体已经拥有 100 多万粉丝。

2017 年，谷旭阳随母亲到上海参加东方卫视《诗书中华》栏目的录制，母亲以特教手语老师的身份收获了不少关注和称赞。回家后，看到观众源源不断地为母亲点赞留言，谷旭阳内心深受触动，他想起了“美丽科技”的上百万粉丝。

“人气即资源，也许我这个有人气的大学生也能做公益。”谷旭阳与母亲商量后，发动亲朋好友一起成立了公益组织——唯爱公益。

成立“唯爱公益”还有一个特别的原因，是谷旭阳身边一个特别的小伙伴——罗练成。在谷旭阳的印象里，他双耳失聪、自卑、沉闷，甚至不敢与人对视，他的衣服上也总是有一股怪怪的味道，“我似乎从来没有见过他的父母来学校看他。后来得知，他父亲患病已久，母亲在乡下务农，一家人日子过得很艰难，我似乎也从来没有见过他脸上的笑容，他辍学在外打工，常常被人欺负，走投无路之下，他开始偷窃，最难的时候，他甚至想到死！”谷旭阳回忆道，罗练成曾经用手语告诉自己，他很想努力，但是他没有办法。

而在祖国大地上，像罗练成这样的残疾人士还有 8052 万，其中 281 万是建档立卡的贫困户。他们是因残致贫的，他们弱小、无助，有的甚至

刚出生就被亲生父母残忍地抛弃……谷旭阳萌生了一个念头，要去帮助他们，改变他们。

大二的暑假，谷旭阳在湖南省邵阳市特殊教育学校组织了第一场公益活动。高中同学、大学同学、自家亲戚六七人，从五湖四海赶到湖南邵阳，现场架起手机开始直播，在网上吆喝售卖特教学生的手工作品。

2 个多小时的直播很成功，唯爱公益卖出了 100 多件作品，收入 10 万余元。谷旭阳把所得收入悉数交给了邵阳市特殊教育学校校长。“这么大笔钱，能帮孩子们做不少事了！”转账时，谷旭阳的手有些颤抖，师生们十分感动，谷旭阳自己也激动万分。

当然，并不是每一场公益活动都一帆风顺。在联系特教学校时，谷旭阳也曾遭遇不信任。为此，谷旭阳跑了好几家科技企业，最终带着给孩子们的礼物，收获了师生好感，赢得长期合作关系。

“做公益也需要资金支出，比如志愿者出行的费用，寄送快递产生的费用等，这是一个很现实的问题。”谷旭阳表示。他们和特教学校合作，直播或者现场义卖产生的收益全部返还学校。“目前，学校团委给予了资金帮助，同时我们获得了 2018 年的国家级大学生创业实践项目的项目资助。此外，直播平台还有打赏。”谷旭阳说，作为大学生，团队能得到的资助还算多，目前经费基本能够满足。

“因为创新性搭建了‘高校 + 特教 + 政府’三方位参与的公益模式，所以在 2018 年秋季开学，我们 5 名同学与 8 名美术导师合作，一起教授这些学生绘画技能，我们自学手语，包装设计产品，和他们一起谱写未来！”谷旭阳说。

努力有了回报，罗练成通过不到一个学期 32 个课时的学习，掌握了绘画技巧。他的作品《春去秋来》卖出了 8 万元的高价！如今，因为他实现了自力更生，所以变得无比阳光自信，同时还获得了五一劳动奖章，别提多开心了！

这种对于高年级听障学生的艺术帮扶模式是完全可以复制和推广的。在重庆，北碚特校的学生学会了瓷盘画；在云南，曲靖特校的学生学会了脸谱画；在广西，鹿寨特校学生学会了麦秆画；在山东，潍坊特校学生学会了编织风筝。

项目团队在扶贫助困的同时，也关注着特殊学生们的内心世界。团队开创性地制作了传统文化、非遗等绘本，通过艺术课程、举办全国大赛等培养学生美术兴趣，帮助低年级学生挖掘自我价值，提升自信，提高生活品质。

截至目前，谷旭阳创办的公益项目，已经帮扶 13871 名特殊学生，送教上门 2310 次，全国拥有社团 54 个，辐射特殊教育学校 83 所，志愿者 3600 余名，服务时长 90000 余小时，举办 132 次爱心活动，联合非遗导师教授 6561 名学生技能，帮助 609 名特殊学生脱贫。“唯爱公益”扶贫义卖平台已销售商品 30000 余件，义卖金额达 556 万余元并全部返还给特殊教育学校。“唯爱公益”先后获得中国“互联网+”大学生创新创业大赛、“创青春”国家级奖项 3 项，省部级奖励 8 项。2019 年 6 月，谷旭阳作为重庆唯一一名学生代表，在浙江杭州梦想小镇参加 2019 年全国“大众创业万众创新”活动周启动仪式，并作为学生代表领誓，现场聆听中共中央政治局常委、国务院总理李克强重要讲话，并被接见。凭借优异表现，他的事迹先后被中央电视台、新华社、中国青年报、重庆日报等媒体报道三十余次。

2019 年寒假，谷旭阳组织发动家乡十多名青年志愿者在春节前为邵阳市特殊教育学校的孩子们献爱心，送温暖，只为圆孩子们的一个新年愿望，他给孩子们送去了新年礼物，有布娃娃、大礼包、文具等，还教孩子们画“福”字、贴春联。2020 年 1 月，全国各地遭遇 “新型冠状病毒”的侵袭，习主席提到“生命重于泰山，疫情就是命令，防控就是责任”，他看在眼里急在心里，主动加入了当地的防疫工作，义务为老人孩子们宣传防疫知识，协助社区对流动人员进行登记和测量体温。更让人感动的是，他还牵挂特殊孩子们是否有口罩戴，是否会洗手，他在网上购买了洗手液，又把自己好不容易买到的口罩都送给了特殊学校的孩子们，还教他们怎样戴口罩、洗手等防疫知识，家长和孩子们都深受感动，其事迹还受到了新湖南等 7 家媒体报道。

创业感悟

公益创业，是没有一蹴而就的，你能做的，就是坚持不懈，用自己的爱去浇灌出希望。没有资源、他人不理解、缺乏信任、团队内部矛盾……这都是这几年我们遇到的问题。这条道路很坎坷，很崎岖，但是我们仍然在前行。为什么？除了爱和热情，还有我们看到的这些孩子们发自内心的微笑。

唐氏宝宝会喜欢上你，会在你的帮助下画出超美的画，会拉着你的手不让你走；听障学生们会在你的鼓励和指导下，学会一技之长，会阳光自信起来，敞开心扉拥抱社会，和我们一样去享受当下所有的美好，难道还有比这更加幸福的事情吗？

每个人都有追求美好幸福生活的权利，这几年，我一直在思考，唯爱公益团队对于这些特殊学生来说到底意味着什么，是技能培训师？还是心理疗养师？抑或是无话不谈的朋友？我觉得都不是！

唯爱七色光，就是一团火！是我们心中熊熊燃烧不会磨灭的火焰！而我希望这团火焰能够点燃更多像罗练成这样的特殊人群的中国梦，我们要和他们一起，越走越远，越飞越高！

导师点评

谷旭阳同学及其创业团队的成功，既是爱心和善意的成功，也是善于发现和识别创业机会，顺势而为的成功，十分值得其他有创业计划的同学学习。

创业机会识别，是成功创业的良好开端。创业机会主要是指具有较强吸引力的、较为持久的有利于创业的商业机会，创业者据此可以为客户提供有价值的产品或服务，并同时使创业者自身获益。创业者如果能够从纷繁复杂的海量信息中，识别出具有可持续发展的创业机会，就等于成功了一半。

识别创业机会，有多重途径，包括寻找市场痛点，即找到市场已经出现的，未被满足而又广泛被需要的需求，比如“电商平台”的出现，就是解决了“足不出户”也能“买买买”的市场痛点；还包括抓住技术更新的机会，即在技术迭代的过程中，出现的在新技术价值链条上的所有创业机会，比如，AI 的出现，大数据的广泛需求，围绕新技术周边出现的机会，AI 的设计、大数据分析服务等。除此之外，还有如在发展趋势里寻找创业机会、从国家最新政策中寻找创业机会，从身边关键人物的人脉资源里去发现创业机会等。

谷旭阳同学的第一次创业，就是抓住了新技术中的创业机会，利用新技术成为自媒体运营主，并通过自己对科技产品的了解，持续在平台上发布最新科技产品的测试视频，为新产品进行推广，迅速成为拥有 100 万粉丝的流量主。

他从科技创业到职业公益人的转型，得益于妈妈的启发，以及资源的支持。于是，谷旭阳同学从身边关键人物的人脉资源里发现了创业机会，走上了职业公益人的持续发展之路。最后，他将自己起初通过新兴科学技术创业的平台流量与后来职业公益的创业方向紧密结合起来，创新了商业模式，使公益事业既能够具有社会效应，又能够实现“自给自足”的可持续发展。

创业是一个动态优化的过程，不仅要在持续创业的过程中去识别机会，去发现商机，创业者本身也要不断地学习和提升。谷旭阳正是做到了这一点，不断发现创业机会，不断在创业过程中丰富自己，在克服困难的同时提升自我，才能以自己对创业初心的“不变”应对创业外部环境的“万变”。

愿所有创业者，都能在瞬息万变的外部环境中识别创业机会，找到合适的商业模式，不断优化迭代创业行为，最终收获创业成功的果实！

点评导师：四川外国语大学　张雪松

初心不忘，“疆”爱传递

——记重庆师范大学 2013 级学生艾克拜尔·艾沙

企业（团队）名称：重庆阿泰西电子商务有限责任公司

成立（创业）时间：2015 年 4 月

业务范围：新疆特色产品、农副产品销售，预包装食品、乳制品批发零售

创始人基本情况：艾克拜尔·艾沙，重庆师范大学计算机科学与技术专业

主要荣誉

2017 年入选重庆市第一期“优创优帮”大学生创业扶持计划

2015 年获重庆市第五届大学生创新创业大赛二等奖

重要媒体采访、报道

2017 年 5 月 27 日，重庆商报报道《校园创业　重师大艾克拜尔燃起一团“火焰”》

2016 年 11 月 23 日，华龙网报道《新疆小伙儿电商创业月入十万　不忘在渝传递“疆爱”》

创业历程

2013 年，出生在国家级贫困县——新疆柯坪县的维吾尔族小伙艾克拜尔·艾沙走进了重庆师范大学计算机与信息科学学院。

2015 年春节，他回到了家乡——美丽的瓜果之乡阿克苏，看到因为信息和交通的闭塞，家乡的红枣、核桃滞销，乡亲们一筹莫展的时候，他想起当初上学时候，县政府给予的资助，乡亲们给予的帮忙，感恩之情和责任之心促使他立志为乡亲们、家乡做点实事。

那一年的寒假里，他几乎跑遍了家乡所有农场，了解产品生产和销售情况，更加深刻地体会到家乡果农的不易，也更坚定了艾克拜尔要创业的决心。回校后，他先后在重庆、成都等地进行干果市场考察，准备开始创业。

秉承着传递新疆文化，帮助家乡农产品销售的初心，艾克拜尔只想为家乡的扶贫事业贡献一个大学生绵薄但赤诚的一份力量。创业初期，为了给新疆产品正名，他坚持奔走于家乡的各个农场，亲自挑选并品尝，选出最优秀的特产来代表新疆。为了拓宽产区销售渠道，他一家一家拜访批发商。当时正值发生几起关于新疆的负能量事件，导致大家对新疆维吾尔族同胞产生了标签化的误解，这一切更坚定了他不仅要推广新疆产品，更要以身作则，推广新疆文化，维系民族情谊，他以维吾尔族人的热情、善良、勤劳感动了每个合作方，让与他接触的人都能了解新疆、爱上新疆。

在学校的帮助下，艾克拜尔有了免费的办公地点，还有专业教师为其提供创业方面的建议和思路。通过一段时间的推广，他与一家批发商建立了长期合作的关系，项目也渐渐有了盈余，开始走上正轨。然而，线下的销售单靠人工的运送，高额的成本让艾克拜尔开始思考接下来创业的方向。一堂专业课，让身在计算机与信息科学学院的他茅塞顿开，身为“计信人”，拥有“互联网 +”的思维和理念，擅长网页设计、平面设计、影片制作，熟悉电子商务，拥有学院专业的教师指导，为何不将创业与自己的专业相结合，开辟一条电商创业路呢?

2015 年 4 月，他结合所学专业，融入新疆文化的重庆阿泰西电子商务有限责任公司成功注册，运用 O2O 模式线上线下双发展，开启 B2C 销售模式，公司通过淘宝企业店铺、阿里巴巴、1688 诚信通批发商城、微信商城等网络线上销售平台，以及 100 名左右的全国代理商、分销商等线下销售渠道，主要经营新疆特色农副产品干果、坚果、季节性新疆特色水果。公司从入不敷出到现在月营业额 20 多万元，业绩不断上升。用艾克拜尔的话来说：“是专业为创业开辟了方向，是互联网时代和政策的支持铺平了创业的道路。”

一时间，艾克拜尔成了校园里小有名气的“创业之星”，同学们纷纷笑称他为“艾老板”。此时，艾克拜尔并没有被成功的光环蒙蔽了双眼，反而更加明晰自己创业的初衷：帮助贫困乡亲，传播新疆文化，促进民族和谐。他们在创业之初，就将公司理念定位为“‘疆’爱传递，民族融合”。在创业阶段，他不只是自己一个人成长，还带领着低年级的同学们一起创业，给更多的新疆学生和本地学生提供勤工俭学的岗位，帮助贫困学生解决生活所需。

此外，在创业的过程中，艾克拜尔发现大家对新疆文化很陌生，甚至有很大的误解。他经常被问起“你们上学骑骆驼吗？”“要打猎吗？”而且一部分其他地区的人对大部分在外漂泊的新疆人有一些误会，作为新疆孩子，他身上又多了一份使命。他开始有意识地在各种公共场合介绍新疆的风土人情，宣传新疆文化，让更多的人通过他，认识真正的新疆，了解可爱的新疆，爱上善良的新疆和维吾尔族同胞。

2016年，为了让家乡人民更多地了解祖国其他地区，艾克拜尔带领“‘疆’爱传递”团队，利用寒假期间，为喀什麦盖提县希望小学进行了长达一个月的公益教育活动，教那里的孩子们汉语、英语等，让他们了解祖国的经济与文化。暑假之后，团队利用多媒体等方式继续和那里的孩子们保持联系。孩子们通过了解祖国，对学习和自己的未来有了很多的想法和目标。

重庆阿泰西电子商务有限责任公司在四年时间内已经实现了销售额1000多万元，公司盈利200多万元。为了学习创业经验，提升公司声誉，继续拓宽销售市场，艾克拜尔积极参加各类型的创业比赛，也获得了重庆市第五届创新创业大赛二等奖、重庆市第三届“三创杯”创业大赛三等奖、新疆阿克苏柯坪县青年劳动创业大赛一等奖、新疆阿克苏地区青年创业大赛优胜奖，以及2018年重庆市第一期“优创优帮”大学生创业扶持计划优秀项目称号。2015年新疆日报在首页报道了他与“‘疆’爱传递”团队自主创业，传播新疆正能量的先进事迹。同篇文章被今日头条、天山网、新浪网、阿克苏零距离、柯坪零距离等各大媒体转载。

艾克拜尔·艾沙，用最真实的情感和最勤劳的行动让大家看到新疆丰富的农产品及其背后蕴藏的民族文化。民族的才是世界的，借助“互联网+”

的时代浪潮，他真实地展现出了当代年轻创业者的责任与梦想，也必将在公益创业的道路上越走越远。

创业感悟

如果再一次让我选择，我还是会继续选择自主创业，因为这让我实现梦想并加快我的步伐，实现自我价值并提供更高的平台，为家乡扶贫脱贫贡献自己的一份力量提供了更好的保障。

从开始创业到现在，我所接触到的每一个人都是开创我人生之路的人。他们不仅改变了我的性格，还改变了我的人生。在创业过程中，我最在意的是每一次失败背后所得到的教训，我已经忘记了我所取得的成就，但是我永远忘不了我所掉进的“坑”。

在创业过程中的每一个阶段都有可能遇到前所未有的风险，风险有时候来自自身，你每一次的预判和选择都决定着你能否成功。在创业这条路上，要想成为成功的极少数，就要做出和大多数走着走着就放弃的人不同的选择，这个选择就是走下去，很孤独，但却是唯一通向未来的路。

我最大的感悟是面对任何问题都要勇敢一点，任何一个困难都有解决的方法。社会在进步，人类的生活和对物质的需求越来越丰富而简单化，作为一名创业人对这些现象要有心理准备，同时还要做出一些创新举措，才能不被这个充满竞争的社会所抛弃。因为，成功属于时刻有准备的人。

导师点评

看项目看的时间长了，在看一个项目时，出于惯性思维，第一反应往往是这个项目的需求是不是真需求，市场空间有多大，市场竞争如何，创业者的资源优势如何，是否具有壁垒或创新，项目的商业模式是否合理，等等。基于此，我们往往会从非常客观理性的角度去审视一个项目是不是具有想象空间、增长潜力的潜力股。

我们常说，“选择大于努力”，对于创业也是一样，选择什么样的创业项目直接关系着创业的最后结果。许多创业者凭借着一腔热情去创业，没有完整的创业思维体系和逻辑，非常容易导致创业失败。创业中的每一次选择以及创业中的每一步，都会对结果产生重大的影响。

可是，在看过艾克拜尔的创业故事后，我们是否需要思考一下，是否也可以从另外一个角度去倾听创业者的故事，而不是仅仅用一条条非常理性的客观标准去判断呢？我们用了那么多的标准去看每一个项目，也发现了不少符合标准的项目，可是最终真正坚持走下去或者成功的项目又有多少呢？如果用我们常规的标准去看艾克拜尔的项目，可能未必是一个好项目——红海市场，竞争激烈，资源优势不明显，甚至商业模式也让人一眼就能看到底，这样的项目一定不会是一个让人“一见钟情”的“好项目”。当这个高高帅帅的维吾尔族小伙儿站在你面前，用不太标准的普通话向大家介绍项目的时候，我们却能看到他骨子里的那份坚定与倔强，能看到那颗为帮助家乡的父老乡亲脱贫，为家乡致富做贡献，为民族团结而努力的赤子之心。直到这一刻，我突然觉得，创业也许不是做什么，而是为了什么。也许做什么并不重要，初心才是最难能可贵的。

在艾克拜尔创业的历程当中，我们发现他始终坚持着自己的初心，用自己的行动去帮助家乡人民脱贫致富，去做致力于推进民族团结、融合的大使。当然我们也发现艾克拜尔在创业的过程中，善于因地制宜、因时制宜，去发现存在于身边的商业机会。他的家乡，美丽的新疆，是中国最著名的瓜果之乡，得天独厚的资源加上善于发现的眼睛，萌生出了我们眼前的“阿泰西”。对于大多数创业者而言，我们可能自身并没有领先的技术、垄断的资源，但是在我们身边却总能发现需求和机会，善于发现身边的需求、整合身边的资源，是每一个创业者必不可少的素养。同时，创业的路上又是充满曲折和未知的，不是每一个创业者都能够看到黎明的曙光，艾克拜尔用实际行动告诉我们，在创业中，坚持是多么重要，同时也需要保持纯真的信念。

在充满未知变化的时代，我们不知道创业的路最终会通向哪里，但是创业的初心或许早已注定我们可以走多远。保持创业的初心，一步步脚踏实地，终究会走出属于自己的人生之路。

点评导师：新道科技股份有限公司助理总裁　师唯伟

青春须早为，岂能长少年

——记重庆邮电大学 2017 级学生周渝阳

企业（团队）名称： 重庆趣编程教育科技有限公司

成立（创业）时间： 2018 年 4 月

业务范围： 新一代青少年人工智能学习平台研发与推广，邮小程少儿编程在线课程研发与推广

创始人基本情况： 周渝阳，重庆邮电大学电子信息工程专业

主要荣誉

2020 年获 2019 年度“重庆市向上向善好青年”

2019 年获重庆邮电大学第六届“校长荣誉奖”

2019 年获第五届中国“互联网 +”大学生创新创业大赛铜奖

2019 年获第五届中国“互联网 +”大学生创新创业大赛重庆赛区选拔赛金奖

2019 年获第七届重庆市大学生创新创业大赛一等奖

2019 年获第六届“创青春”中国青年创新创业大赛重庆地区赛二等奖

2018 年获第四届中国“互联网 +”大学生创新创业大赛铜奖

2018 年获第四届中国“互联网 +”大学生创新创业大赛重庆赛区选拔赛金奖

重要媒体采访、报道

2019 年 6 月 3 日，人民网报道《周渝阳：发挥专业优势投身创业 探寻青少年编程教育蓝海》

2017 年 5 月 16 日，成都商报报道《连续奋战 48 小时，自助早餐机夺创客大赛冠军》

创业历程

在创业之前，我曾多次代表重庆邮电大学（以下简称“重邮”）参加

各类创新大赛。2017 年，我作为队长带队参加中美青年创客大赛，发现在众多参赛队伍中有不少高中生，这些高中生自己做机器人并带队比赛，这不禁让我产生疑问：为什么他们这么厉害？经过观察，我发现在北京、成都、上海等地，有很多教小孩科技和编程的教育机构，但在重庆却少有相关机构。面对重庆这个相对空白的市场，我有了一些心动。

回到重庆后，我就有了创业的想法。最开始我想做 STEAM 教育，培养孩子的综合素质，于是将自己的想法形成一份计划书，并找到学校创新创业学院相关负责老师做咨询。老师拿着计划书，建议我应该结合编程，做青少年人工智能教育。

经专业老师点拨后，我恍然大悟，于是改变创业方向，主攻少儿编程，成立了“邮小程”项目组。2018 年 9 月，重庆市教委下发通知，要求中小学切实保障编程教育课时数量，开足开齐编程教育课程，小学 3—6 年级、初中阶段不得少于 36 课时。教委下发通知时，我们的人工智能教育线下培训校区已经运营了很长一段时间了。

在创业初期，我们在学校获得了免费的办公场地，也常常和学校分管学生创新创业工作的李红波老师交流聊天。李老师除了给我们方向上的引导外，还帮助我们对接了很多资源。在资金紧张的时候，在李老师的推荐下，我参加了重庆市教委的“优创优帮”扶持计划，获得了资金支持。创业期间，我们获得的补贴和奖金累计超过了 10 万元。

在课程开发过程中，我们邀请了重邮计算机科学与人工智能学院的几位教授给课程做顶层设计和指导，这让我们清晰地知道小朋友每个阶段应该学习什么，也开发出优质的课程产品。此外，我们依托重邮的科普基地和研学基地，给全市中小学生普及编程教育。

创业路上难免艰辛挫折，我也不例外。在 2017 年底刚开始创业时，我和同学做了一份 PPT 出去路演，向投资方讲解项目属性、发展计划和融资计划等，幸运地获得了投资人的青睐，拿到了创业启动资金，开始租场地、搞装修、编教材、拉业务……刚刚成立的时候没有经验，都是和大学同学在一起做事，产品和市场策略不太符合市场规律，因此遭遇了很多挫折和打击。我想这就是我作为一个大学生创业者最惨痛的经验吧。我遇到过很多大学在校就创业的朋友，很多学生创业者最开始觉得新鲜，但能坚持下来的人并不多，能够坚持下来并且开发出有市场竞争力的产品的就更少了。

我们拿到投资并且经营半年后，投资方见机构的效益不高，决定不再投资，资金的断裂、业务的压力让我喘不过气来。后来，我找到父母解决资金问题，聘请全职员工解决运营问题，一年后，业务变得更加有序和正规，业务越来越好，都是正向现金流了。

现在“邮小程”已经开了 3 个分校区，为解决校区资金问题，我也探索了一套“众筹开新店”的运营模式。每开一家新店，我们会拿出部分股份邀请学生家长入股。很多家长都想有个副业收入，并且他的孩子的培训学费是免费的，另外还有分红。企业融资其实没有那么容易，众筹相对比较单纯、简单。

除了自营校区，我们未来最重要的业务是为教育行业的 B 端客户做课程输出，我们已经和目前重庆最大的 K12 教育培训学校达成合作，未来我们的编程课程将通过越来越多的培训机构走向学生，B2B 的业务模式会极大地降低运营成本，相信很快就会实现为重庆地区 2 万中小学生提供人工智能与编程教育的小目标。

创业感悟

创业两年以后，我的个人能力有了极大的提升。从开发软件写代码到跑到大街上搞推销，什么都干过，对行业、市场的认知都上升到了“门儿清”级别。重庆是一个内陆城市，很多行业公司的产品和商业模式都比较落后，缺乏人才，创新乏力，很多公司往往靠着多年发展积淀的品牌效应和市场规模维系原有的市场份额。而我们公司最大的竞争力就在于开发产品的创新性强，业务模式灵活，否则很容易被同行竞争者打败。经过大量试错和投入后，我们发现了机会，并瞄准机会开发好了产品，今后我们会持之以恒地坚持下去，实现由小变到大的目标。

导师点评

古人说：创业维艰，守成不易。如今，每次创业都可谓难得，能够坚持创业更属不易。

创业如作战，既需要天时地利的外因，又需要政通人和的内因。具体来说，需要很多方面的要素，比如资金筹措、人才匹配、项目选择、市场开拓等不一而足，甚至可以说是缺一不可。而重庆邮电大学周渝阳同学的创业团队——“邮小程”，首先在项目选择上就做到了顺势而为，先人一步。

在我看来，项目选择要遵循三个原则：市场所需、自我所能和对手所弱。

一是市场所需。所有创业项目一定要做好市场定位，要弄明白你的市场在哪里？你的客户是谁？客户痛点是什么？你用什么产品来解决客户的痛点。

“邮小程”的市场定位比较清晰，用户就是K12领域的培训学校和中小学生。现在，国家正在大力提倡人工智能教育和编程教育。教育部在“新课标”改革中，正式将人工智能、物联网、大数据处理、算法、开源硬件项目设计等正式划入“新课标”。“新课标”大幅度减少了对基本软件使用的要求，同时大幅度提升了在编程、计算思维、算法方面的思维要求。由此可见，编程语言在升学中的比重逐渐加大，未来将会是中小学必修课程。2018年，重庆市教委就下发了关于加强中小学编程教育的通知，推动全市编程教育的普及实施。随着市场需求逐年增大，对于提前进入市场并准备好产品的团队来说是一个好机会。

二是自我所能。创业团队要将想法变成产品，再把产品推向市场、找到客户，需要极强的团队协作能力并且清楚认知自身团队的能力范畴。

“邮小程”团队均来自重庆邮电大学，团队成员都是计算机信息技术等相关专业的人员，对编程学科、信息技术等比较熟悉，是教育行业中很懂编程的一群人，在编程课程研发和教学软件开发上有专业优势。但是，由于是学生创业团队，在市场营销上与同行公司相比有一定的短板。所以，同教育行业中以市场营销见长的 B 端培训机构合作，进而触达更广大中小学生客户群体——这种市场思路既可以实现与合作伙伴分工上的互补，又降低了产品推广的难度。

三是对手所弱。任何行业都存在竞争，创业项目必须要搞清楚自身的优势在哪里？对手的空缺在哪里？怎么和竞争对手差异化竞争。

“邮小程”对项目进行了 SWOT 分析，对自己的优势和短板有了清晰的认识。目前，K12 培训行业已经存在大量的培训机构。这些机构拥有生源，但是并没有相关编程课程以及专业团队。当其他少儿编程公司都付出高成本，从零开始独立建设运营培训学校的时候，“邮小程”已知己知彼地选择赋能其他培训机构开设编程课程，而不是自己独立运营校区，这就避免了直接进入 C 端的培训市场所面临的激烈竞争和经营风险。其实，这种思路是巧妙地找到了一个竞争对手忽略的发展模式。

总之，周渝阳的“邮小程”项目在项目选择、市场定位等方面还是比较精准，在解决客户痛点、研发课程服务等方面也有创新的内容。因此，对一个初创的学生创业团队来说，该项目可圈可点，将来迭代升级更可期可待。

点评导师：重庆云日产业集团董事长　黄子华

创业不一定成功，但一定会成长

——记重庆三峡学院 2014 级学生王海平

企业（团队）名称：重庆咪狐文化传媒有限公司

成立（创业）时间：2016 年 10 月

业务范围：二维动画、三维动画、影视制作

创始人基本情况：王海平，重庆三峡学院生物技术专业

主要荣誉

2017 年获重庆市第六届大学生创新创业大赛三等奖

2017 年获第三届中国“互联网 +”大学生创新创业大赛重庆赛区选拔赛银奖

2016 年获第二届中国“互联网 +”大学生创新创业大赛重庆赛区选拔赛铜奖

创业历程

我在大一那年痴迷曳步舞，经常用视频记录下跳舞的风姿，为了玩转视频，慢慢地学会使用各种视频剪辑、特效软件，因此水到渠成地迷恋上了摄影。大学期间利用课余时间苦练专业摄影技术，还拍了一部小有名气的校园题材网剧，在品尝到拍摄成功的喜悦后，我觉得，摄影可以成为我一生的事业。2016 年，我决定扛着摄像机追逐自己的梦想。于是，我和几个志同道合的朋友，创建了咪狐文化工作室，致力于打造一个集影视策划、影视拍摄、影视制作、影视投放为一体的视频营销一站式平台。

我们是充满信心的团队，是朝气蓬勃的团队，然而我们之中没有一个人在这个领域是专业的，无论是前期、后期、文案、财务，每个人都是从头学习，都是朝着共同的目标去努力。最开始我们把所有资金都投入到了设备上，最困难的时候，没有像样的办公室，员工几个月没有工资，熬夜

加泡面是家常便饭。皇天不负有心人，我们团队终于接了一部网络大电影，这是自创业以来接到的最大的一笔订单，这无疑更坚定了我创业的信心。但是长期守着这些昂贵的设备，客户却寥寥无几。我当时分析了一下渝东北片区，网剧确实没有太大的市场，拍宣传片或许更有前景，再者，线上的业务单价低，时间成本高，售后问题多，这条路也不足以养活整个团队。经过团队的无数次思考、讨论，我们决定转型，主要业务为企业宣传片、城市宣传片、二维动画、三维动画。

转型后，订单逐渐多了起来，我们队伍也逐渐壮大了起来，终于换了间宽敞明亮的办公室，也慢慢地和各个学校合作，为学校拍摄宣传片，为教师制作微课。在尝到甜头后，我开始寻求更多的客户渠道，通过向行业顶尖企业学习，并在学校的鼎立推荐下，我们的机会多了，也有了自己的一套运营模式，在万州区大显身手。随着对这个行业的深入了解，我明白，万州区已经不能满足我们的需求，那么业务量从何而来呢？唯一的方法就是走出万州，到更大的城市去。接踵而来的又是许多其他问题，在重庆这样的一线城市扎根，资金从何而来？现有的员工愿意跟着一起去重庆吗？我们对重庆的行情也不熟悉，要从何做起呢？一系列的问题让我特别头疼，但我始终相信，人只要有梦想，只要肯坚持，希望就在前方，至少我现在还年轻，还有奋斗的资本。我毅然决然地将公司搬至重庆，前期因为资金困难，只有将昂贵的摄影器材变卖了，用来抵租金以及办公设备。物力暂时不缺了，人力却十分匮乏，愿意跟着我来重庆干的，只有最初的几个联合创始人，这意味着，技术员工严重紧缺，而公司初期给出的薪资也不是特别高，导致我们一度缺乏技术人才。但是这个问题会把我们打倒吗？不，这只是一个契机，只是一个让我们变得更强大的契机。没有技术人才，我们自己培养技术人才，没有接触过三维动画的我们，咬牙从零学起。靠着我们几个人的“手艺”，熬过了在重庆扎根最艰苦的日子，迎来了柳暗花明又一村的好景象。

此时公司队伍已经达到 20 人了，动画部、品牌部、网建部、财务部分工明确，管理起来也逐渐得心应手，没有了最初的混乱。但主要盈利还是在动画部门，品牌部却处于亏损的状态，最后实在没有办法，我只有痛定思痛，放弃了品牌部，进行了裁员。这个决定是我创业以来最难受的决定，但是我知道，在理性抉择面前，感情用事只会阻挡我前进的步伐。

创办咪狐已是第四个年头了，如今在重庆站稳了脚跟，现在致力于做一家以提供创意视频解决方案为基础，策划、拍摄、制作为一体，全程跟踪服务的商业影视服务品牌，致力于“将视觉表现转化为商业价值”的品牌文化传播服务商。目前已有五个部门，分别是动画部、影视部、项目部、策划部、行政部，年收益超过 600 万元。创业仍在路上，我的使命未完，我也一定会将自己的梦想继续坚持下去。

创业感悟

兴趣是最好的老师，我觉得这句话在我身上体现得淋漓尽致。对于感兴趣的事情，只要去做，就永远不会晚。关于创业的优势，首先是我们处在这个“大众创业，万众创新”的时代，得到了来自国家、政府的支持，这成为我们迈出第一步的动力；其次是市场潜力给我们的机遇；最后，我们是年轻的团队，有着年轻的血液、蓬勃的朝气以及“初生牛犊不怕虎”的精神，我们有着不变的初心，有着共同的目标，对未来充满希望。

创业能提高个人能力、增长自身经验，通过成功创业可以实现自己的理想，证明自己的价值。但无可厚非，创业的道路是十分艰难的。在创业的过程中，我们一定不要忘记学习，市场经济绝不会同情弱者，也不会给任何人实习的机会。当然，创业仅靠热情是远远不够的，创业意味着冒险和付出，也意味着失败和挫折。我告诉自己在创业中永远要充实自己，提高自己。无论做什么事情，都是一个自我提升的过程。只要自己从中获得了宝贵的经验，无论最后是成功还是失败，都是人生的财富。创业也是一场持久战，不可能一朝一夕就获得成功。创业是没有止境的，创业者也是没有退路的，要想获得最终的成功，就一定要怀抱梦想永不止步、永不放弃，做个永远的创业者。

导师点评

随着近两年短视频的逐渐饱和，视频市场对于新型视频产品的需求日益明显。而创意类视频的核心难点主要集中在类型的定位和内容的创作形式上，当下咪狐创业团队选择创意视频制作对现市场环境很有突破。

咪狐创业团队对用户需求的洞察、市场方向的敏感度较高，经过4年时间的不断试错，在垂直市场的内容定位方面也更加精准，同时在业务内容上也提供了多样化的选择，在形式上更进行了拓宽。在重点业务的选择上从最初的“影视策划、影视拍摄、影视制作、影视投放”到“企业宣传片、城市宣传片、二维动画、三维动画”，最终聚焦到“以提供创意视频解决方案为基础，策划、拍摄、制作为一体，全程跟踪服务的商业影视服务品牌”。这一点也充分体现了创业团队通过市场验证在不断聚焦和迭代自身产品。

咪狐创业团队有趣的视频创意相较于单一讲述品牌故事的广告内容更走心，更具备能够触动用户心扉的内容表达力。同时，不断出现的虚拟现实、增强现实、航拍等新技术为视频的内容创作带来了更多的新手段。

公司目前已经积累了天猫、京东、重庆市政府、华龙网、重庆市公安局、民生银行、重庆大学、重庆三峡学院、重庆三峡职业学院、江北嘴管委会等重点客户。在现有客户的基础上，建议还应增加与关联业务公司进行合作，大范围拓宽客户渠道，进行纵向价值挖掘和横向市场延伸，增加市场占有率。由于短视频自媒体与用户之间属于单向关系，需要自上而下的宣传连接，用户结构自然会影响关系链生态，因此产品未来需要持续优化用户分层及关系。同时建议提高与社交媒体的结合率。

咪狐创业团队的商业模式及产品推广模式需进一步清晰和优化，创业者在制作创意视频之前，需要考虑主要目标用户，清晰地了解当今热点和流行趋势，将二者相结合；启动价值链思维，比如对用户群体定位加以调整，为用户利益打破传统价值链结构，在价值链上寻找创新的机会，通过优化价值链而产生新的盈利模式。同时伴有产品迭代思维，我们要准确捕捉住消费者的需求，即便做一些微小的创新与产品功能迭代，带来的附加价值也能构建全新盈利模式。此外，咪狐创业团队还需考虑拓展营销产品的推广渠道，让客户方便分享至其他社交平台，以便对产品进行宣传。

咪狐创业团队具有较强的创业力，聚集了一批坚持梦想、脚踏实地，从业余进阶专业的志同道合的创业伙伴。尤其是项目创始人对行业、创业创新的理解深刻，面对市场竞争、资金匮乏、人力不足、管理混乱等有较强的危机处理能力，通过成本控制、组织建设优化以及公司战略重新定位，帮助企业顺利渡过了难关。根据企业现状，建议创始人还应加强关键人才识别、培养、布局， 同时打造适合现阶段的激励机制，以稳固人才，促进人才梯队的建设，共同实现企业价值。

在当下内容创业风起云涌的时候，短视频作为重要组成部分也正迎着风口，希望咪狐文化传媒在这个风口上脱颖而出，打造出自己的个性化 IP，创造“文化符号”，不断实现理想，获得成功。

点评导师：曲率创工场合伙人　廖栩

在科学中发现创业商机

——记重庆三峡学院 2016 级学生刘雪

企业（团队）名称：修博士绿色建材团队

成立（创业）时间：2018 年 9 月

业务范围：建筑材料技术咨询服务，自愈合水泥基修复材料

创始人基本情况：刘雪，重庆三峡学院环境工程专业

主要荣誉

2018 年获重庆市首届“大创慧谷”杯大学生创新创业大赛银奖

2018 年获第四届中国“互联网 +”大学生创新创业大赛重庆赛区选拔赛银奖

创业历程

刘雪并不像他的名字那样文文静静，反而喜欢学习各种新鲜的事物。他在大学时期担任过班里的组织委员和校学生会的权益部部长，所以与老师、同学的交流沟通会很多，同时当一些学生团体活动需要社会上的赞助时，他也是倾力相助，这为他后来的社交能力提供了有利的帮助。因为酷爱科学知识，喜欢琢磨一些令人好奇的高科技产品，刘雪选择在大学毕业时读了研。研究生选择的是和本科相近而不相同的环境工程专业，他觉得以后环保节能是国家大力发展的方向之一，同时学习当今热门的环境治理手段也能够为社会做出持续长久的贡献。

刚开始接触专业性的科学知识时，刘雪就对其产生了极大的兴趣，最终他选择了建筑环境材料这个研究方向，主研渗透型水泥基修复材料。目前水泥基材料的自愈合课题是国内外解决混凝土材料裂缝防治问题的重要研究方向，而且市场上销售的材料多为国外研究的产品，价格昂贵，而便宜的国内产品的效果也很难让人满意。面对这个问题，他眼前一亮，为什么不能靠自己的知识来解决这个问题呢？于是，他接连几天和导师商量、研究，最终选择了利用专业知识打造一个品牌项目。

针对地下结构裂缝的问题，目前多采用表面处理和灌浆技术，不能有效解决裂缝的本质问题。要想解决这一难题，必须结合多学科知识，开展一系列跨学科研究。利用自己读研的优势，刘雪陆陆续续向校内外十几个专家请教，同时开始组建自己的研究团队——修博士绿色建材研发团队。团队涉及土木工程、环境工程、电子信息、生物科学、工商管理等专业领域，这时候人脉就显得十分重要了，组建一个团队很容易，但是要想组建一个专业性很强的团队确实很不容易。刘雪开始征集自己身边同学的意见，终于在一个月以后组建了一个涵盖专业性导师、材料学博士和七个硕士研究生的实力团队。

有了团队和专业指导老师，接下来要考虑的是场地问题，场地包括试验场地和材料经营场所。这让他陷入了进退两难的局面，“没有这些硬件设施和条件，项目根本进行不下去啊！”刘雪把遇到的问题告诉了导师，导师听后告知他，现在各大高校基本上都成立了大学生众创空间，并且非常支持在校学生创业，可以去学校相关部门主动了解。同时，相关的试验场地如果条件符合，二级学院的部分实验基地也会优先给予帮助。听到这些话，刘雪长长地舒了一口气，“这下终于有救了！”说干就干，半个月后，

刘雪在学校招生就业处指导老师的安排下将自己的创业项目入驻了进去，同时在相关学科的二级学院内也终于有了试验基地，开始进入项目研究。

从研一到研三。历经两年的时间，修博士绿色建材研发团队秉承着“绿水青山就是金山银山”的信念，通过技术攻关，研发的再生微粉渗透结晶浓缩剂（副产品为“高强再生骨料”），在土木、生化、电子信息领域持续攻克了可以应用于道路、桥梁、隧道等结构混凝土裂缝施工中的自修复关键技术，科研产品成本仅为市售同类产品的 26%，先后获得专利申请、论文发表、学术获奖和项目推广应用。该技术已成功转化并应用于万忠高速公路、梁平至忠县公路隧道的加固中，项目每百万元可节省施工成本 34.6 万元，实现直接经济效益 4500 余万元，取得了良好的社会效益和经济效益，效果显著。

“我们的目标客户主要针对隧道与地下工程施工单位，需求量大，经济效益高。本产品能够在地下结构裂缝病害修复及工程防水中起到‘一劳永逸’的效果，且施工方便、环保，具有很好的应用前景。本项目具有自主知识产权，并且已经建立了应用示范基地，取得了较好的经济和社会效益。同时在地下结构工程防水领域已完成中试生产和工程应用，待项目市场时机成熟，准备进一步的产业化发展。”刘雪在一次创业交流座谈会中如此说道。

在去年参加了几次大型的创业比赛后，修博士绿色建材研发团队暨结构裂缝自修复新技术研究团队已经有了自己的固定团队代号（创业团队，CSCSHT），而且每次都会把这些引以为傲的成果介绍给其他创客及投资人：我们团队立足于“基于微生物双重触发机制的水泥基材料裂缝自修复材料的生产及应用”科研研究成果，依托重庆三峡学院岩土力学工程技术中心等优势学科平台，通过技术攻关，开发了一种能用于防止水泥基材料裂纹产生、扩展的再生微粉渗透结晶型浓缩剂及用于水泥基材料缺陷自修复的生物活性外加剂，通过防治结合的方式实现水泥基材料缺陷的自修复，增加其服役年限。团队自成立以来共开发新技术、新产品 10 余项，其中 1 项被成功推广应用。近年来，团队成员共完成国家级大学生创新性实验项目 1 项，省部级 3 项；发表学术论文 6 篇；成功申报国家发明专利 2 项，实用新型专利 2 项，其中 3 项已授权。

从 2016 年的准备到 2017 年的项目成熟发展，从 2017 年的实际生产应用再到 2018 年的实际营收超过 100 万元，刘雪的项目团队经历了许许多多的事情，参加了大大小小几十场比赛和创业交流会。正因为他们团队的不懈坚持，才能一步一步攻克难题，壮大团队，扩大项目的发展。

创业感悟

回想创业时，我也曾去过数家公司企业商谈合作事宜，参与过大大小小的项目，寻求过未知方案的实验步骤，也请教过不同领域的专家老师，写过诸多的总结报告等，这些都是我在大学以前从未接触过的事物，有成功的喜悦，也有失败的感伤。这些都是一份份美好的回忆。静下心，多读书，多钻研，多下笔，多交流，多交朋友，多做任何你觉得有意义的事，给自己一个长远的目标，一步一步走过去。这一切的一切也让我从心底里生出一种自信，我们可以更好，我们可以更强，将来的我们必定是推动国家进步的中坚力量，我们肩负着更重的责任，我们义无反顾。

很多时候，大学生在专业课程的学习过程中往往对未来的职业生涯充满迷惑。刘雪同学能够在学习过程中，留心观察现实中的实际问题，并且从问题出发找到市场需求，这是一种非常好的敏感性。这有助于我们在专业学习的过程中，从理论学习过渡到实际应用，也可以很好地把专业知识和未来的工作实现对接。同时，我们经常谈到创业者的核心素质之一，便是要具备善于发现机会的洞察力。这一点无论是将来就业，还是自己创业都会带来非常好的价值，有助于实现工作上的突破、创新和创业机会的把握。

刘雪同学的经历告诉我们，在创业过程中，经常会遇到一个问题，即创业者自身能力限制或者资源限制导致项目无法推进的情况下，我们如何应对的问题。刘雪同学通过组建团队来弥补自身能力限制，同时借助学校的各类实验室资源，完善产品的技术成熟路径，从而形成全面的解决方案，这是创业者必须具备的资源整合能力。无论未来我们是创业还是就业，通过内部或者外部资源的整合都可以形成能力的互补，以及“1+1 大于 2”的效应。因此，我们都应该不局限于现有资源，或者自身能力范围内来看待创业机会，我们要做的是认清需求，并识别机会的价值。只要能解决现实问题，具有真正价值的机会就要去大胆尝试，努力实现。

刘雪同学的创业经历也让我们看到了不断完善、坚持的力量。从 2016 年开始，到 2018 年形成收益，可以看出创业之路从来都不是立竿见影、轻轻松松的。很多创业的失败，往往在于没有坚持下去。或者安于现状，导致了创业项目无法突破，最终草草收场。所以创业的本质之一就在于坚持，坚持不断的价值创造，永葆一颗进取的心！

在刘雪同学的感悟中，我们还看到了现代年轻人的责任与担当，以及一种发自内心的自信。创业的终极目标不在于赚多少钱，而是为这个社会创造了多少价值，有没有为这个国家的建设贡献出自己的力量。这种家国情怀也是支持创业者走得更远的必要素质。

点评导师：贝腾教育发展集团副总经理　吴志强

最“燃”青春在农村

——记重庆电子工程职业学院 2015 级学生刘博洋

企业（团队）名称：重庆壁澜教育科技有限公司

成立（创业）时间：2018 年 8 月

业务范围：农业智慧云商、农耕科普研学、拓展教育培训

创始人基本情况：刘博洋，重庆电子工程职业学院微电子技术专业

主要荣誉

2020 年获“重庆市大学生创业优秀人物”

2018 年获重庆市第二届中华职业教育创新创业大赛二等奖

2017 年入选重庆市第一期“优创优帮”大学生创业扶持计划

创业历程

刘博洋是一个特别不“安分”的人，刚上大学，刘博洋就利用课余与节假日时间参加各种兼职，专升本校园代理、大学生日用品销售员、联通业务员甚至是开校内小卖部、倒票卖票等他都干过。凭着对活动策划的兴趣和丰富的主持经验，他大二的时候就成立了重庆摘星会务有限责任公司、重庆木头屿文化传媒有限公司。然而，这个爱折腾的小伙子最终却把创业的目光投向了更为广阔的农村。

2017 年冬天，在创业导师的介绍下，刘博洋与两个创业伙伴前去璧山河边镇新四村考察当地的猕猴桃项目，在经过与当地村委会工作人员的进一步沟通了解后发现，新四村地处璧山同心水库，呈环抱水库之势，当地因为贫困人口较多，年轻劳动力严重不足等问题，导致村内经济、教育等发展十分落后，前些年有一位浙江的老板看上水库资源，在本地投资了一块占地 200 亩的猕猴桃园，但由于管理不善，缺乏农业种植知识，再加上资金链短缺，整个猕猴桃项目一直处于烂尾状态。但是经过对新四村周边村落的仔细走访考察后，刘博洋发现璧山正处于历史性的发展阶段：璧山创建国家级卫生示范区成功，比亚迪、众泰等大型科技型企业入驻璧山，房地产迅速崛起，重庆向西扩张的号角已然从璧山首先吹响。他还发现，璧山地方政府对新四村的农业项目扶持力度很大，农户主要种植枇杷、火龙果，每到瓜果成熟季节，瓜果的销售就成了一个大问题，这就意味着电商将会有改变现状的可能。了解了当地近 5 年农产品销量的数据之后，刘博洋彻夜难眠，他觉得这可能是一个很好的创业机会。于是，他立即联系了远在深圳的一个投资人，并决定尽快赶赴深圳，与投资人交流整个项目的可操作性。在经过长达一个月的考察和落地性谈判后，刘博洋在新四村承包了近 1600 亩的土地，用来进行果蔬种植、农村电商项目运营，助力当地农户和教育事业的双向发展。

项目刚开始实施的时候，刘博洋对果蔬种植的知识了解不多，于是高薪聘请在校大学生去农村实习。但这些在校大学生没有真正深入到田间地头，对农业知识的了解只是从课本到课本，根本没有任何种植经验。2018 年的第一个雨季，刚栽种好的 6 亩百香果在一夜之间全部倒苗，整个田里一片狼藉，而眼看着在第三个季度马上可以挂果的李树也因为树虫而死伤过半。按照这样的情形发展下去，年底不要说无法向投资方交差，就是这一千多亩地的租金也足以让刘博洋喘不过气来。这一次次失败让刘博洋醍醐灌顶，他意识到，对于农业，自己还是一张白纸，农业要是不下田、不拿锄、不修枝，无论如何也搞不出花样来。

刘博洋说，做农业项目最难的不是如何找到销售渠道，而是如何在当

地文化知识不高的老百姓心目当中，意识到乡村电商是可以真正颠覆传统的“挑着扁担满街走”的销售方式。当地的百姓无法真正理解在互联网时代下，终端客户和终端客户之间的直接交易可以让当地经济迅速回暖，提升当地知名度。因此，如何让当地老百姓转变思维模式就成了令刘博洋最头疼的事情。刘博洋想通过低价收购当地果蔬，并在第三方运营平台销售来弥补之前的损失。想法虽然是好的，但实际操作起来却难上加难。由于当地的老百姓对农村电商只闻其声不见其形，对刘博洋的“农村电商”疑虑重重。后来，当地政府领导了解到刘博洋的难处后，召开了村民大会，发起动员，老百姓才把农产品交给刘博洋，在看不见的互联网上销售果蔬和农产品。在第二季度结束的时候，刘博洋的“农村淘宝”帮当地老百姓销售土鸡、土鸭、土鸡蛋等土产品达 20 万元，但是由于压缩利润吸引来的商家不会长时间地将自身利益与企业捆绑，企业的运营也面临着成本的挑战，因此开发新项目势在必行。

在经过农业项目的失败和“农村淘宝”的短暂胜利，刘博洋意识到提高果蔬基地的人气才是解决问题的根本，而新四村也具备了文旅产业发展的基本条件。刘博洋发现城市消费人群缺的是放心和开心，农村的老百姓缺的是知名度和交易量，若搭建平台让双方都获利，而自己的公司亦可以从中盈利。于是，他开始试着通过乡村旅游来获取客流量，再将客户二次引流到农产品消费。他通过在线上互动式宣传和线下“走进田园生活”的双向运营模式，落地实施“生态 +”的产业链，通过乡村旅游为农村电商获取客流量，将客流信息与周边果蔬基地进行分享，开展本地联盟化经营，让客户线上买得放心，线下玩得开心。

2020 年初，刘博洋的农场种苗已经开始挂果，随着疫情影响地渐渐消除，越来越多的人走出家门，选择就近的乡村旅游，整个项目的运营也在逐步恢复正常。

创业感悟

一个成功的创业者所谓的“天赋”，主要是从创业的“实践”中培养出来的。它不仅包括知识和智慧、经验和技能、品格和风度，更重要的是人品、人格和心胸。刘博洋认为，成功的创业者必须具备影响他人的能力，激发团队活力；面对激励竞争，有非凡的决策能力；以及整合人力、财力、物力、知识等资源能力。创业至今，从起初的贴补生活费，到现在希望能带动更多身边的朋友创业，从最初的小目标到现在创业者的情怀，视野高度不断增加、平台不断上升的同时，也要保持一颗初学者的心。现在的社会已经淡化“吃得苦中苦，方为人上人”的方法，相反懂得紧抓时机和政策，做好资源整合以及重组，将会有事半功倍的效果。企业家和老板的区别，在于利众和利己，而创业成功并不仅仅意味着赚多少钱，而是帮助了多少人，受到了多少尊敬，刘博洋认为企业家精神是每一位创业者都必须重视和学习的品质。

导师点评

党的十九大报告提出乡村振兴战略，为新时期我国农村地区的发展提供了战略指导，同时也将“三农”问题上升到了新的高度，具有划时代的里程碑的意义。乡村振兴战略给农村经济发展带来全新的活力，也催生了更多的创业机会。大学生返乡创业不仅能够为振兴乡村提供人力和智力支持，同时也能够为带动农村经济发展提供新的动能。

刘博洋正是敏锐地抓住了这一机遇，结合自身优势投身到农村地区的创业大军之中。大学生尤其是农村大学生返乡创业具有一些突出优势。首先是人才智力优势，与普通农民相比，大学生经过系统的基础教育和高等教育，具备扎实的基础知识和科学技术，同时对于城市地区的生活环境和发展有一定的了解，在思维方式和管理理念上具有一定的先进性。大学生毕业后正是富有激情的时候，敢于尝试和创新，同时又具备一定的坚韧性和自制性，为其返乡创业提供了可能。其次是政策扶持优势，近年来我国出台了一系列支持大学生创业的政策，鼓励农村地区经济发展的政策等，同时还开展了多种形式的农村创业专项教育活动，对农村地区的优势创业项目进行开发，激发农村大学生返乡创业的热情。第三是市场竞争优势，农村地区的创业成本与城市相比较低，农村大学生返乡创业具有一定的市场竞争优势，不需要投入过多的资金就可能创造出新的机会。且在创业过程中可以借鉴比较成功的国内外农业产业模式，并能够利用专业的农业技术，将技术要素与生产要素、资源要素等有机结合。因而，从这个意义上来说，与城市地区的创业相比，农村地区的创业更具有市场竞争优势，比较适合农村大学生创业，同时有助于提高大学生创业的成功概率。

同时，大学生返乡创业也面临一些挑战。农业项目实践性很强，大学生经过系统学习，具备完善的专业技术理论知识，但是实践方面还较为欠缺，缺乏农业生产、管理的经验。同时，农业生产受一定的外部条件影响较大，而且在全球经济的影响下，农业生产的形势变幻莫测，对于农村大学生来说，要准确预估产业发展情况并不容易。正如该案例中的刘博洋经历了实践经验不足、自然天气影响、突发疫情等，这些因素都对他的项目造成了巨大影响。

大学生在涉足农业项目时，需要注意以下问题：一是项目不能求全求大。农业项目关联的领域很多，大学生创业者在切入项目的时候可能只是从产业链中的一个环节或是一个单品入手，但在实施过程中，却希望对产业上游（研发和育苗）、中间（标准和追溯）以及下游（渠道和品牌）等环节都能够涉及。虽然从理论上讲是可行的，但是，对于大学生创业者而言，还是建议给自己设立一个边界。二是要具备资源整合的能力。农业项目涉及很多资源，比如政府的支持和产业链条上其他企业的配合，如果这个领域完全没有基础，下无所根，上无所蒂，实施起来，会面临较大的困难。三是要具有前瞻性的眼光。农业项目虽然是传统行业，但农业技术和商业模式却在不断地迭代，因此做农业项目的大学生必须对农业未来的发展趋势要有清晰的判断，找到自己项目的创新点。

点评导师：重庆文理学院　李莉

在旷野上奔跑的年轻人

——记重庆水利电力职业技术学院 2017 级学生周兴鹏

企业（团队）名称： 重庆市开州区怀念食品有限公司永川分公司

成立（创业）时间： 2017 年 9 月

业务范围： 原生态食品研发加工及销售、大型餐饮咸菜类食材供应

创始人基本情况： 周兴鹏，重庆水利电力职业技术学院土木工程检测技术专业

主要荣誉

2019 年获“重庆市大学生创业优秀人物”

2019 年获第五届中国“互联网 +”大学生创新创业大赛铜奖

2019 年获第五届中国“互联网 +”大学生创新创业大赛重庆赛区选拔赛金奖

2018 年获第四届中国“互联网 +”大学生创新创业大赛铜奖

2018 年获第四届中国“互联网 +”大学生创新创业大赛重庆赛区选拔赛金奖

2017 年获重庆市第六届大学生创新创业大赛三等奖

重要媒体采访、报道

2020 年 9 月 8 日，人民网报道《重庆大学生创新传承“老”手艺 构建咸菜扶贫“产业链”》

2020 年 9 月 8 日，新华网报道《重庆在校大学生带领家乡农户种植助推乡村振兴》

2019 年 11 月 22 日，华龙网报道《“七色光”绘公益梦“小罐菜”助脱贫攻坚 这些大学生创新项目正能量爆棚》

2018 年 2 月 3 日，光明网报道《重庆水电职院学生“异客居家” 让宿舍更有“味”》

创业历程

大学开学时，我领到母亲给的 800 元生活费，相对于大多数大学生来说是较低的，于是心中有过打工的念头，但很快被我否决了，因为我认为自己能做到的应该远不止打工这么简单。看到学校有专门的创业平台，在咨询学习后，我便开始策划如何去赚钱，如何快速地赚到钱，如何不用过多前期资金来赚钱。

我想着仅有的 800 元与其剩着花不如搏一把。新的环境，来自四面八方的同学，对于我这个大一新生来说一切都非常陌生。新的环境，新的同学，新的生活方式，一切的一切没有让我感到一丝温馨。我坐在并不像家那样舒适的寝室里，想着：这里是我将要生活三年的地方，它是这样的冰冷，这样的陌生。突然一个念头在心中油然而生。我想把寝室打造成我们离家之后，第二个属于我们自己的乐园。所以寝室便成了我第一个要施展能力的平台，于是我带着同寝室的几个小伙伴开始策划怎么做。

一个好的项目一定要有令人印象深刻的名字。大家都是来自不同的地方，独在异乡为异客，异居他乡也想有家的感觉，于是我们给项目起名“异客居家”。我们开始在 QQ 群、微信群、朋友圈打广告，没想到广告一出，不到一个小时就有 20 多人加我为好友，当天下午就谈成了三个订单，谈成后让客户先交付一半的定金，交易完成后我们再收取尾款。这样的模式让客户给我们提供了流动资金，很快我们赚了项目的第一桶金，这个项目也在学校很好地运行了起来。但好景不长，很快就有人模仿我们，和我们做一样的项目，有人模仿意味着市场会被打乱，这对于我们来说是一个非常大的挑战。于是，为了能快速地占领市场，我们认为止步于自己学校范围内还远远不够，因为项目有着好落地、好实施、成本低等特点。我们团队成员找到了在不同地区、不同大学的高中同学一起来做“异客居家”这个项目，我们统一名字，统一发货，统一价格，开始朝品牌路线发展。2017 年 10 月至 2018 年 1 月四个月的时间，我们在重庆市覆盖了 9 所高校，带动学生兼职共计 100 余人。2018 年 1 月，我们第一次参加了创新创业大赛、“农商行·加上创业贷”重庆市第六届创新创业大赛，项目最终取得了三等奖的成绩。这对我们的项目来说是一种莫大的认可，我们也一直坚信自己一定能行。项目还在继续进行，我们逐步完善了管理机制，目前已成功注册了重庆市异客智能家居设计有限责任公司。

刚入门创业的我结识了很多朋友，自己的圈子在逐步扩大。一个项目的成功并没有使我满足于现状。大一寒假，我回到了家乡重庆开县（现开州区），看到一群在山坡上打闹的留守孩子，想起了自己小时候也是一名留守儿童。从小父母就不在身边，有时候一年才能见到他们一次，有时候几年才能见到。小时候不明白父母为什么要离开还在襁褓中的孩子，到千里之外的地方打工。现在我明白了，归根结底是因为家乡穷，没有任何就业机会。开县是一个劳务输出大县，常年在外务工人员占据总人口的四分之一。虽是开县人，但我的家在四川与重庆交界处——开县紫水乡雄鹰村。从恢复高考以来，我们村每年能上大学的人一直都是少数。从小我深受父亲的影响，虽然父亲是一个 70 后，也没有多少文化，但他却有个大大的梦想——就是做一家能带领家乡人摆脱贫困的企业，给家乡老百姓提供就业岗位。而步入大学正接受高等教育的我也总想着能不能为家乡做点什么。一次偶然的机会我听父辈提起，我家传承着近 130 年的传统手艺——做咸菜。而我家做的咸菜只能在自家饭店售卖或在小乡村里零售，并没有多少

利润，也没有更好的路子让外界知晓我家的咸菜手艺。于是，我开始思考如何真正地把咸菜带到人们的视野中来。

创业难，在农村创业更难。我需要通过自己学习到的有限知识来开展项目，并咨询了非常多的创业导师，同时也了解了很多创业政策。首先得为咸菜取一个响亮的名字，因雄鹰村位于大巴山脉，我们的咸菜是用老式土坛盛装，故取名为“巴山老坛”。为了塑造品牌效应，提高“巴山老坛”的人气与知名度，我带领团队通过学校这个平台开始踊跃地参加创业大赛。2018 年 7 月，“巴山老坛”项目在第四届中国“互联网 +”大学生创新创业大赛重庆赛区选拔赛以第一名的成绩获得“金奖”，同时获得“精准扶贫奖”，也进入了全国总决赛。11 月，总决赛启动，在青年红色逐梦之旅赛道中，全国共有 200 个项目进入国赛，而我们的项目取得了国赛“铜奖”，也是全国唯一一所高职专科院校代表重庆市参加“互联网 +”大学生创客秀展示。通过两年多的发展，我们的咸菜在重庆甚至在全国范围内有了知名度，从而有了大量订单。

我们目前采取自种、自产、多元化销售的三合一模式进行项目经营，可问题却出现了。我们承包土地进行蔬菜种植，免费分发菜种给农户，但是农户并不相信我们会收他们种出的菜，于是我们开始挨家挨户地给他们做工作，让农户们相信我们是有这个实力带领大家脱贫致富的，最终说服了绝大部分农户同意进行种植。一个问题刚解决，下一个问题又出现了。农户们大量种菜，而我们却没办法进行大量加工及存放。我们又千辛万苦找政府批土地盖厂房，保证能够满足生产，家里为了支持我也拿出了全部积蓄，但这些还不够，因此我们又进行了贷款。最终，盖出了一座 1400 余平方米的厂房进行咸菜加工和老坛存放。在多元化销售 + 电商 + 新零售、2C 同步进行 2B 的销售模式下，目前我们年产咸菜达 200 余吨，已与“九锅一堂”重庆家常菜等大型餐饮公司达成了年度合作。

未来，我和我的团队会在创业路上更加坚定地走下去，相信在政府、学校的支持下，以上两个项目能够实现可持续发展。

创业感悟

我认为在大学期间开始创业是一个不错的选择，因为年轻就要去试错，年轻人就应该在旷野上奔跑，不要害怕失败。大学期间一边上学一边创业，即使失败了，你还可以选择就业。创业最重要的是团队，因为项目很多，但是能做好项目的团队太少，所以现在市场上不缺项目，缺的是做好项目的团队。我们在选择项目时眼光要放远一点，团队组建时要谨慎，一定要认准合作伙伴。公司一定要定好条规，按照规矩做事，不要感情用事，因为这样很危险，商业就是商业，创业必须要赢利才能生存发展下去。

创业最艰难的莫过于孤独，当你在坚持自己的理念时，你一定不能动摇。但你要随时去改进，不要一味地固执，保持长期的学习，和同行业的大咖进行交流，这样能学到很多。创业是一条充满艰辛和无助却相信总有一天能走向黎明的路。国家现在鼓励和支持双创，并不是要我们每个人都来创业，而是让我们学会和拥有创业精神。不要今天公司遇到困难了你明天就离职，而是当公司遇到困难了你能和公司一起向前，这是我们受过高等教育的大学生应该理解的，因为每个人的成功都来之不易，每个企业都不容易，大家并驾齐驱方能所向披靡！

好的开始等于成功的一半。如何提高大学生创业的成功率，选择一个好项目是关键。那么如何从复杂多变的市场环境中，识别出有潜在商业价值的机会，并对它进行评估，形成自己的创业项目，进而创办新企业，创造价值满足消费者需求，同时使创业者自身获益，这是创业者走好创业路程的第一步。对于大学生创业者来说，由于经验不足，创业项目的好坏就显得尤为重要。创业项目的选择、确定，对于初创企业而言犹如指路明灯，照亮企业奋斗的方向；找到适合自己的项目，可以使团队少走很多弯路。那么怎样找到适合自己的项目，如何发现和识别创业机会呢？俗话说创意源于生活，寻找创业机会的一个重要途径是善于去发现和体会自己与他人在需求方面的问题或生活中的难处。周兴鹏的第一个项目“异客居家”正是来源于同学们对生活的需要，源于“想把寝室打造成我们离家之后，第二个属于我们自己的乐园”。市场之大，看似饱和的市场同样存在着不少空隙和商机，作为一个创业者，周兴鹏以灵敏的嗅觉在细微处发现市场的需求，哪怕是一个很不起眼的环节，同样蕴藏着巨大的消费需求。

其实，每个人内心深处都有一个真实向往的愿景。但随着时间的迁移，有的人被价值观所左右，有的人被现实生活所驱使，有的人被消磨了斗志，而忘却了内心真实的向往和最初的梦想。而周兴鹏没有，他和父亲都有个大大的梦想，即便时过境迁也不忘“为自己家乡做点什么”，“做一家能带领我们家乡摆脱贫困现状的企业，增加我们家乡的就业岗位”。正是这大大的梦想，才造就了“互联网+”大学生创新创业大赛重庆赛区选拔赛的金奖；正是这大大的梦想，才造就了“巴山老坛”，造就了乡亲们的脱贫致富。对大学生而言，创业不仅是创办一个经济实体，实现经济价值，也是一种使命和担当。当代青年不仅要有敢于冒险、矢志不移的魄力与坚持，更要有扎根基层、心怀天下的使命与担当。相信周兴鹏和“巴山老坛”在脱贫攻坚、产业扶贫政策的支持下，在乡亲们和社会各界的帮助下，在自己的不断努力和坚持下，一定能够绽放光芒。

点评导师：重庆市大学中专毕业生就业指导服务中心　徐珮杰

创业

进行时 2

CHUANGYE JINXINGSHI

第二部分

那个十字路口不甘平庸的独行者

——记西南大学2009级学生黄兴亮

企业（团队）名称：重庆红月亮科技股份有限公司

成立（创业）时间：2016年12月

业务范围：新型泡洗材料、洗涤剂、除垢剂研发销售

创始人基本情况：黄兴亮，西南大学应用化学专业

主要荣誉

2020 年获第六届中国国际“互联网 +”大学生创新创业大赛铜奖

2019 年获评北碚区“优秀民营企业家”

2019 年入选北碚区“缙云英才”支持计划

2017 年获重庆市第六届大学生创新创业大赛一等奖

2018 年获“创青春”全国大学生创业大赛重庆赛区金奖

2018年获“创青春”浙大双创杯全国大学生创业大赛第十一届“挑战杯”大学生创业计划竞赛银奖

2017 年获第六届中国创新创业大赛（重庆赛区）暨第三届重庆市“高新杯”众创大赛企业组二等奖

2016 年获“创青春”全国大学生创业大赛重庆赛区金奖

2016 年获第二届“中国创翼”青年创业创新大赛（全国总决赛）金翼奖

2016 年获第二届“中国创翼”青年创业创新大赛重庆选拔赛一等奖

2016 年获“创青春”中航工业全国大学生创业大赛银奖

2016 年获重庆市第二届微型企业创业大赛“十大成长之星”称号

重要媒体采访、报道

2016 年 11 月 18 日，重庆晨报报道《到北碚当“缙云英才” 可获

二十项优惠政策待遇》

2016 年 9 月 20 日，重庆晨报、网易网报道《2016 年重庆市都市功能区创业大赛结束 创业者带来很多新奇实用的项目》

2016 年 6 月 30 日，人民网报道《理工男艰辛创业路 3 万公里跑出“新天地”（图）》

2016 年 6 月 30 日，人民网报道《创业是孤独的 必须有强大的内心》

创业历程

我第一次与创业结缘，是在大三期末。在大二初尝科技创新成果的喜悦之后，我就开始主动地泡在实验室里探索未知。在老师的指导帮助之下，我开始了对世界上产量最大的塑料产品之一——PVC 的稳定剂的研究，也正是因为我在研究过程中的表现与科研课题展现出的巨大潜力，我很幸运地入选为“国家级大学生创新创业训练计划”的首批成员，获得了来自学校的十万元扶持资金。国家支持、学校帮扶、老师助力、资金到位，按理说一切看起来都出乎意料地顺利，但是对于我们这个大学生创业团队而言却面临着一个巨大的挑战——科研和创业，看似紧密相关，实则差别巨大。倘若说科研还有师可授，创业却只能靠着我们摸着石头过河。做，还是不做？我们选择了前者。创业是一次挑战，更是一次创造传奇的机遇，这种机遇对于我们平凡的人生来说，或许是一次彻彻底底的改头换面。

在创业初期，我们的团队就面临着巨大的挑战，作为一个由本科生组建、以科研型人才为主的创业团队，我可以很自信地说，我们在技术上不输社会上的企业、品牌，可是面对创业必需的推广、销售、经营，我却显示出了本科生的稚嫩和茫然。我们团队研发的 PVC 稳定剂虽安全、无毒、环保，但是在市场上却有不少合作对象因它较高的成本而止步。不过靠着自己过硬的技术和已获得的专利，我们还是在课题结束前顺利地交上了一份还算令人满意的课题报告。此时在经受过创业之苦的团队当中，一些人选择了继续读研，一些人选择了稳定的工作，同时我也做出了属于自己的选择——沿着创业的路，孤独而义无反顾地走下去。面对这样不明朗的未

来，我的夫人还是义无反顾地支持我，这使我备受鼓舞，也使我的决心和毅力更为坚定——既然要走，就要走出一个光明前途，无愧自己的选择，也无愧家人的信任。

伴随着 PVC 市场的饱和，PVC 的前景也不甚乐观。在创业之初，我就陷入了团队分崩离析的低谷。与此同时，作为一家没有名气的小公司，我们的经营也越来越困难，士气也越来越低落，在市场的车轮碾压下，团队已名存实亡。我经常在夜里久久不能入眠，思考如何才能走出困境。在又一次与一家仿瓷餐具厂商的合作失败以后，厂家的一个抱怨引起了我的注意——目前餐具洗涤方式传统且效率低下，还会使餐具发黄影响使用寿命。有着化学科研背景的我发现了新的商机，我果断地放弃了对 PVC 市场的固守，开始着手新型洗涤剂的研究，创立了“泡立净”懒人洗涤剂品牌。同时根据科研、市场等不同方面的需求，大胆地吸纳了新生力量，组建了一支仅有三人的新团队。所谓破旧才能立新，在大家一致地对新技术、新领域的不懈追求当中，我们屡破专利难关，让“泡立净”得以面世。

在解决了专利的困扰之后，洗涤剂市场的开拓成了我们面临的最大挑战。在竞争激烈且从未涉足过的洗涤剂市场当中，我只有通过上门推销和行业展会两个途径才能顺利打开市场招揽客户。我并不是一个能言善道的人，相反，在实验室和仪器、实验相伴的几年，我的性格却更加安静，思维也更加缜密。但是在竞争激烈的市场之上，酒香也怕巷子深，金子固然会发光，但这光芒也得让有能力买它的人看到才行。营销——这个在多数人眼里看起来需要能说会道、巧舌如簧的环节，成了我创业之初最大的挑战。

在第一次给客户打电话的时候，我的声音都是颤抖的，现在想想感觉还有些丢人。创业是对一个人综合能力的挑战，只要你经受住了这些挑战，它一定会还给你一个更好的自己。几年下来，我已经能从容地面对各种演讲、采访，与客户沟通起来也能保持条理清晰，态度从容。当我反过头来回忆自己这一路在营销上的成长之时，我发现营销并非只是一种语言上的技巧，更需要踏实的努力和不懈的追求。

三人，一车，三个月，新车上的里程表从零飙升到了五万，而我们的足迹，也踏遍了中国除新疆之外的每个角落；我们的营业额，也在三个月里从几万变成了二十几万；我们的市场，也从重庆辐射到了中国每一个角落，包括香港、台湾，甚至有经销商将产品出口到了海外。我这样一个一无所有的创业者，靠着自己孤独而又踏实的营销手段，一步一步从低谷走了出来，走向了一个新的未来。

企业活下来了，但是如何立住脚跟，如何在饿狼扑食般的市场竞争之中守住自己脚下的一寸之地，是当务之急。继续沿洗涤剂的路做下去？在立白、汰渍等大品牌的夹缝中求生存？在这样一种境况下，我们没有故步自封，而是选择了大胆创新，把目光放在了一片寂静的荒芜当中，那就是木质素。

在洗涤剂的经营当中，我与许多餐饮厂的客户建立了良好的合作关系，这些餐饮厂的客户需要高效洁净的洗涤剂，更需要餐具原料，而目前的仿瓷餐具市场上却问题频出——高温可能会造成甲醛溢出、难降解等。而我们正在研究和突破的以木质素为主要元素的新型复合材料压制成的新型仿瓷餐具，既能有效地降低成本，又做到了资源的回收利用，更因为木质素本身的特性能够做到安全环保。相信在不久的未来，这片无人踏足的荒芜也会在市场上大放异彩。

创业感悟

在团队第一次面临解散的时候，大家都在劝我，说都这样了还创业，不就是失败了吗？我不信。创业这条路上，你要是想成为那个成功的极少数，就要做出和大多数走着走着就放弃的人不同的选择，这个选择就是走下去。很孤独，但是却是唯一通向未来的路。

我非常喜欢鲁迅先生的那句话，这世间本没有路，走的人多了，也变成了路。在很多人看来，我或许是一个很“轴”的人，但或许就是这种“轴”，让我在创业的风雨中坚持了下来，看到了未来的一缕阳光。

创业最艰辛的一点，我觉得莫过于“探索和选择”。市场瞬息万变，社会也在更迭前进，你找不到一个像数学公式一样的可以依靠的经验，只能在黑暗中摸索，靠着自己摸爬滚打对市场产生的嗅觉去做出独立的判断。很多时候，我都不知道等待我的是什么，唯一清楚的，就是既然我觉得自己是对的，那就要义无反顾地走下去，哪怕是在逆行，哪怕只有我一个人。

导师点评

创业，不是一个人的战斗。团队是创业成功的核心要素。创业，需要创业核心人物的长期坚守。

一个优秀的创业团队，不是靠“物理”“外在”的组建，而是需要靠“化学”“内在”的生成。黄兴亮入选“国家级大学生创新创业训练计划”成员，进入PVC市场，从几个人的团队，发展到二十多个员工。随着课题结束和PVC市场的饱和，团队开始解散，一些人选择了继续读研，一些人选择了稳定的工作，至此团队已经名存实亡。痛定思痛，黄兴亮选择重新出发，创立“泡立净”懒人洗涤剂品牌。在吸取先前经验的基础上，根据科研、市场等不同方面的需求，大胆地吸纳了新生力量，组建了一支三人新团队，开始了新的征程，并创造了较为辉煌的业绩。在和黄兴亮的交谈中，黄兴亮谈到，理想的团队不是靠着利益的驱使、外在的强力而组建的，如此只能发挥物理反应，来也匆匆散也匆匆。理想的团队是依据志同道合、优势互补自动生成的，如此才能发生化学反应，具有内在的生长性。对于创业团队，“勿欲速，欲速则不达”。

作为创业发起者或创业灵魂人物，必须具有坚韧不拔、追求创新的创业精神和强大的执行力。当转师范专业失败致使黄兴亮“化学教师”梦想破灭时，他带着一丝不甘投入到实验室，被现实浇灭的热情，却从科研当中重燃。在进入 PVC 市场，团队名存实亡时，他做出了属于自己的选择——沿着创业的路，孤独而义无反顾地走下去。“创业艰难百战多”，唯有坚韧不拔，方可砥砺前行。通过“国家级大学生创新创业训练计划”，黄兴亮感知到了社会给予创新精神的良性反馈。在“泡立净”项目风生水起之时，黄兴亮团队没有故步自封，而是选择了大胆创新，把目光放在了一片寂静的木质素荒芜当中。“纸上得来终觉浅，绝知此事要躬行。”创业梦不是轻轻松松、敲锣打鼓就能实现的，需要创业者强大的执行力予以推动。黄兴亮从“国家级大学生创新创业训练计划”开始行动，意识到科研和创业看似紧密相关，实则差别巨大，科研有师可授，创业却只能靠着黄兴亮他们摸着石头过河。做？还是不做？黄兴亮他们选择了前者。

什么是创业，创业就是从拥有的资源开始，做自己能做的事情，在拥抱不确定中创造美好的未来。

点评导师：四川美术学院　杨寒

“交创泊联”，城市停车难题应对专家

——记重庆交通大学 2012 级学生曾超

企业（团队）名称：重庆交创泊联交通科技有限公司

成立（创业）时间：2010 年 10 月

业务范围：城市停车规划设计、PPP 模式停车场投资建设咨询、立体停车设备及智慧停车云平台研发

创始人基本情况：曾超，重庆交通大学交通运输工程专业（博士）

主要荣誉

2019 年获第十六届“挑战杯”全国大学生课外学术科技作品竞赛三等奖

2019 年获第十六届“挑战杯”全国大学生课外学术科技作品竞赛重庆赛区特等奖

2019 年获第五届中国“互联网 +”大学生创新创业大赛重庆赛区选拔赛金奖

2019 年获第四届全国高校智能交通创新与创业大赛二等奖

2018 年获“创青春”全国大学生创业大赛重庆赛区金奖

2018 年获第三届全国高校智能交通创新与创业大赛二等奖

2018 年获第十一届“挑战杯”中国大学生创业计划竞赛铜奖

2018 年获中国（小谷围）“互联网 + 交通运输”创新创业大赛二等奖

2018 年获第六届重庆市发展研究奖三等奖

2017 年获重庆市第六届大学生创新创业大赛三等奖

2017 年入选重庆市第一期“优创优帮”大学生创业扶持计划

重要媒体采访、报道

2019 年 10 月 17 日，华龙网报道《重庆交通大学交通运输学院教师曾超：做教书育人的好老师》

2019 年 1 月 3 日，中国网报道《曾超："化茧成蝶"振翅高飞》

创业历程

10 年前，相较于城市交通的拥堵问题，城市停车难的问题尚未凸显，停车产业的概念更是少有提及。2010 年冬，我在思考论文选题及今后事业发展方向时，一次偶然的机会让我初识一座刚完工的立体车库。这次偶遇不仅让我对新事物充满好奇，而且让我开始关注城市停车难的问题。有了研究兴趣就需要一本好书答疑解惑，当时可选的书籍屈指可数，《城市停车场规划与设计》成为我研究停车问题的"启蒙教材"。感知与学习后，我查阅了国内外相关文献，发现立体停车设施在日本已有 50 余年的应用历史，而我国自 1984 年引进国外技术研发立体停车库，直至 2008 年该行业才开始缓慢发展。由于缺乏系统的理论研究和指导，立体停车设备在我国的利用出现了严重的叫好不叫座现象。

正是这座立体车库让我从感性层面关注停车难问题，正是这本书让我从理论层面深入学习停车规划与设计方法。于是，我将城市停车难问题及立体停车设施规划选址选型方法作为了博士论文研究方向和今后事业的起点，我的人生轨迹也由此转变。

虽然初步选定了研究及今后事业的发展方向，但如何发挥自身优势找准切入点立足该行业呢？静心思考后，我带领两名团队成员，通过两年时间研读了所有关于停车难问题的相关专著、370 余篇论文，对国内多座城市停车及立体停车设施应用现状开展调研，形成了 4 万余字的调研报告及研究大纲。

既然发现了问题与商机，提出了解决问题的思路与方法，下一步就需要寻求平台、创造机遇来开展研究并拓展业务。作为一名在读博士研究生，固然没有太多精力与时间如商人般去应酬，但可以发挥学校平台与自身优势走差异化路线。通过静心思考，我确定了创业初期的三部曲。

第一步，从申请科研课题入手，获得行业主管部门的支持，进行产学研融合。将调研报告及研究大纲凝练为科研项目申请书，带着申请书奔走于停车行业主管部门，经过两个月的努力，用扎实的研究功底获得了主管部门的认同，成功申报“山地城市立体停车设施设置理论与方法研究”课题，以该课题为起点探索产学研融合的科研创业之路。

第二步，向世界第一学习，提升自我竞争力。要做好该课题，树立行业影响力就需要有大师传道授业。日本是世界立体停车设施强国，我开始自学日语并将研究及创业计划通过电子邮件发送至被誉为“日本立体停车之父”的山口博之先生。日本专家对我的计划书兴趣浓厚，从日本来到重庆交通大学交流科研及项目合作事宜。日本专家的到来不仅让我收获了宝贵的外文书籍及丰富的行业经验，而且为我引荐了国内行业协会及多家知名企业协助开展科研及创业项目。

第三步，参加行业会议，融入行业。在行业协会与企业的推荐下，我和团队成员第一次参加 2012 年停车行业年会。参会前，我们充分准备了 50 余份团队简历。在会议现场发言做自我介绍时，主持人惊讶地谈道：“这个以老年人、下岗职工收停车费为主的行业现在居然有博士在参与。”会议最后一天，团队简历被新疆一家大型医院停车管理企业的董事长关注到，基于相同的观点及志向，我们二人相见恨晚，很快签订了团队第一个立体停车规划设计咨询项目。

路是铺下去的碑，碑是立起来的路。在重庆交通大学“铺路石精神”

的引领下，我们科研创业团队以最初的一间寝室，三人规模，逐渐发展为博士—硕士—本科传帮带，以建筑学、规划学、交通工程学、机电工程为核心的专业团队。

我和团队曾清晨 6 点至凌晨 2 点忙碌在项目现场，曾在寒冷冬季的早八点至晚八点在地下车库开展为期三个月的停车场行为调查，为业主提供了因地制宜的调研资料及解决方案，并产生明显的应用效果。

自 2014 年起，我就带领团队核心成员先后前往日本、韩国、泰国及国内 28 个城市 370 余座停车库考察学习，前往香港 Wilson Parking、日本 PARK24、日本石川岛 IHI 株式会社等世界顶级停车企业学习，并在日本东京就《中国停车产业一体化构建》发表演讲。

停车行业尚处于发展初期，要想做好做大停车产业，就要敞开胸怀，乐于分享并成就他人，引导更多企业跳出自己的小圈子，最终惠及整个行业。结合行业发展中存在的问题，团队将自身参与项目的经验、调研报告通过行业会议、期刊、论文等形式分享交流。每次会议报告，我都会精心准备绝不重样的 PPT 及讲稿，让每一次报告不能对不起听众，让每一篇分享经验的论文不能对不起读者。乐于分享、广结善缘的行动最终让我们获得了业内人士的认同与源源不断的帮助。

2015 年 8 月，国家多部委出台政策鼓励城市 PPP 停车产业发展，停车行业迎来了发展新机遇。早在 2013 年，我在香港考察停车产业发展及停车地产业务时，觉察到该模式在停车行业中的可行性值得在内地推广。2014 年春，我们团队成功与重庆丰都县市政局合作，开展国内第一座 PPP 停车楼规划选址、方案设计及立体停车设备应用工作。3 年来，冒着大雾、暴雨往返项目现场 200 余次，以敬业的精神顺利完成该项目。以此为起点，团队先后参与了国内 50 余座 PPP 停车项目咨询、停车设施规划设计及立体停车设备应用推广工作，积累了丰富的实践及管理经验。

创业感悟

“让停车简单快乐，让出行安全便捷”是我所成立的“交创泊联”创新创业团队的使命，我和我的团队将一如既往地秉承“诚信、合作、创新、务实”的企业价值观，为社会提供优质、高效的产品与服务，在创业的征程上奏响成功的号角。

停车行业尚处于发展初期，要想做好做大停车产业，就要敞开胸怀，乐于分享并成就他人，引导更多企业跳出自己的小圈子，最终惠及整个行业。结合行业发展中存在的问题，我们团队非常愿意将项目经验和调研报告通过行业会议、期刊、论文等形式与社会各界分享交流。

我常和自己的团队说：“停车行业是个小行业，行业里都是老朋友，口碑和人品是我们能够生存立足、持续发展最硬的关系。”

回顾这一路的坎坷，我想对自己说：“从最初很少有人能做，到今天做到了一定的知名度，支撑我坚持下来的更多的是出于对这一行业的热爱。”正是这份对工作的热爱，对梦想的追逐，对职业道德的操守，才让那个懵懂青年包含在花骨朵里的创业梦想一点点绽放。

导师点评

“交创泊联”是重庆高校科研项目转化市场应用的典型案例，是对学业和创业有机结合的可能性交出的一份完整答卷。作为持续性研究和长期创业项目，阶段性地取得一定成效，这条“立起来”的路还有待未来 2 ~ 3 年市场的严苛检验。

从民生需求出发，举城市治理大旗。选择解决车位资源匹配和优化作为创业入口，核心团队成员持续性相对较好，依托科研项目获取前沿市场状况，不断调整和迭代自身产品理念，获得一定的市场渠道认可和订单。行业竞争大，核心创新力不足，是大部分创业型企业所面临的生存状况，目前停车产业服务链已属于长期投资或基础资本运营型行业，传统改造技术和智慧物联网技术得到深入应用，进入行业的调整期和瓶颈期，政府对停车问题的城市治理引导已初步达到第一阶段效果，接下来的行业发展问题大方向上会交给市场基础配置来完成。

从项目规划转型一体化建设，尝试 PPP 运营模式。“交创泊联”以高校核心专业和研究为基础，整合优秀资源搭建应用场景和平台，从项目规划业务到规划建设一体化，再尝试介入 PPP 运营方式，不断迭代和升级商业模式，大部分成功项目为 2015—2017 年期间，将学校专业性、团队核心成员、各类大赛活动综合聚焦作用充分调动，推动某一个阶段商业模式的落地。进入产业深耕后，尤其在智慧城市治理大类的项目中，更加需要创业团队用高速的发展，优化的产品与商业合作模式，来应对市场变化和发展后劲问题，目前“交创泊联”的创业商誉和合作存量持续消化后，急需下一轮的发展速度和产品竞争力才能奠定企业的发展基础。

新能源与智能产业迭代是否意味着二次创业的到来？新能源的发展尤其是从电动汽车政策而引导推行，赋予了停车项目更为具体实用的考虑，即如何解决停车 + 充电的问题。智能物联化作为增强驾驶体验和停车管理的重要工具，全面接入了城市停车管理，是否意味着产业迭代重塑消费场景和服务流程？新能源汽车产品升级和智能物联化的升级，“交创泊联”是否选择站队，突出做二次创业的精细化和转型后服务？各位看官认为如何呢？

发挥智力优势，回归聚焦本业。格局做大，市场做小，产品做精。笔者认为，“交创泊联”的核心优势应是智力服务和前沿研究，提供停车体验的方法论和解决路径，通过研究院或专家顾问团队，为大中型合作企业提供配套智力服务，引导规划理念、建设标准、环境标准、验收评估和使用维护要求落地生根，产品聚焦做精到前端规划和后端迭代升级，静下来做小市场，做精产品，做强团队。

点评导师：华龙网校企合作中心总经理　彭发清

今将万里归，机会不可失

——记四川外国语大学 2017 级学生陶虹源

企业（团队）名称： 一缕渝风

成立（创业）时间： 2017 年 11 月

业务范围： 手工艺产品制作、文化创意产品制作销售

创始人基本情况： 陶虹源，四川外国语大学汉语国际教育专业

主要荣誉

2019 年获第九届全国大学生电子商务“创新、创意及创业”挑战赛三等奖

2019 年获第九届全国大学生电子商务“创新、创意及创业”挑战赛重庆赛区选拔赛特等奖

2018 年获第四届中国“互联网 +”大学生创新创业大赛重庆赛区选拔赛优秀奖

创业历程

创新创业的路途并不轻松，大到参加比赛的压力，小到管理一个团队的烦琐，每一个环节都需要完善，需要发挥最大的能力。从组建团队开始，我就面临了不小的难题，我应该怎样去选择我的队员呢？队员对于我来说是很重要的，如果这一步出现了什么差错，可能会让之后团队的发展出现很大的阻力，因此我不得不作出合理的考察。首先，我从班级入手，作为班上的班长，通过平时的学习和交流，我对每位同学都或多或少了解一些。于是，我开始邀请一些创新意识较强，并且和我优势互补的同学加入我的团队。我们或是擅长计算机应用操作，或是擅长文案撰写，又或是擅长市场的研究与开发。有了他们的加入，我的创业之路算是完成了一半。和我的团队工作起来很愉快，效率也比较高，我们定期会聚在一起反思近段时

间的工作情况，并且根据现在的市场形势作相应的分析，以此来改善当下的不足，争取让我们的团队和项目发展得越来越好。当然，不是每个项目的前进路程都一帆风顺，在团队的发展过程中，我们也遇到了很多问题，面临大家积极性不高、工作量太大导致大家懈怠等问题，这个时候就是考验团队负责人的时刻。因此，在每一次比赛之前、项目会议之前，我都会给大家传播正能量。传播正能量最好的方式就是把团队在这一个阶段所取得的成就展示给大家，让大家看见回馈，有了回馈才会有动力，让大家都明白自己的努力是有收获的、有回报的。在团队前几次参加比赛的时候，由于自身经验不足、团队以及项目都不够完善等问题，我们的成绩并不理想，几次比赛都没能得到一个很好的成绩，大家的积极性急速下滑。因此，我及时地站出来鼓励大家，希望大家能看淡现在的境况，我们才大一，不是每一个项目都能一步登天的，每一个成功的项目都需要不断地完善才能收获最后的喜悦，我们现在要做的不是被一次次的失败所打败，而是要重新镇定下来思考失败的原因，从而进一步地完善，希望能在接下来的比赛中脱颖而出。

有了我的鼓励以及大家的努力，功夫不负有心人，终于，在大二的时候，我们的项目获得了不错的成绩。当然，成绩的背后绝对不是偶然，而是我们团队上下共同努力的结果，我们各自发挥优势，取长补短，将项目变得更加完善，我们团结一心，共同克服创业路上的险阻。

最让我记忆犹新的是有一次参加创新创业比赛，赛区是在北碚区，路途比较遥远，时间也比较早，而且当时临近考试，这些问题让我内心很忐忑，害怕大家不理解，会抱怨，从而不会积极地参与进来。怀着这样一种紧张的心情我告诉了大家这个消息，让我没想到的是，大家丝毫没有我之前所想的抱怨或是不情愿，反而积极地讨论起比赛的注意事项以及路演需要做的准备。看着眼前的这一幕，我满是感动，有一个努力的团队就好像有一个坚不可摧的后盾，让项目能发展得越来越好，让每一次比赛能变成一个又一个团队进步的舞台。每一次比赛之前，看着大家认真的眼神；每一次完善计划书，看着一张又一张修改的稿子；每一次完善 PPT，看着大家提出的一条又一条建议，我都很感激当初自己的选择，选择了这样一群志同道合的朋友组建了一个和谐的团队。这也很好地验证了那句话，一个优秀的项目背后离不开一个和谐的团队，每一次比赛的结果都像是对我们的小小考察，每一次小小的考察也都成为夯实我们的基础，愿未来的每一步，我们都能肩并肩共同前行，共同打造一个更加优秀的“一缕渝风”。至于为何把这个项目取名为“一缕渝风”，我认为与以前看了很多文艺类书籍有关，在思考这个项目名称时，很自然地就把“一缕渝风”几个字与这个项目联系在了一起：“仿佛一冬之后，冰河初解，春波浩荡。在这白雪消融后，但觉这一缕渝风轻轻拂来，带领你领略重庆独特的文化气氛。”在指导老师王琥看来，这个名字不仅很好地揭示了项目浓浓的重庆味道，而且给人一种很享受、很舒适的感觉。

创业感悟

创业的道路不是一帆风顺的。我很幸运，能在这样一条坚实的道路上遇见一群值得信赖的伙伴，我们相互鼓励，共同克服所面临的难题，并且将每一个问题都变成我们的机遇，共同迎接一次又一次成功的喜悦。每一个创业点子和计划都好像我们的亲生孩子一样，我们保护他们茁壮成长。希望我们在成功的过程中变得更加完美，每一次的挫折也都将成为我们下一个阶段努力的指向标。面对过往的成绩，我和我的团队并没有因此而懈怠，更不会因为一点挫折就停滞不前。我们还在继续打磨自己的项目，为它注入新的活力，思考着如何让它跟紧时代的步伐，吸引更多关注。创业路漫漫，我们坚信只要我们用积极的态度去面对，在接下来的旅程中，我们将立足于学校，争取在接下来的各类创新创业类比赛中取得更出色的成绩，力争让这个项目走得更远、更好，正如我们所说“一缕渝风，我们一直在路上”。

导师点评

创始人将创业想法付诸行动取得创业成果是一个团队协同作战、共同奋斗的过程。

陶虹源作为创始人，对项目本身有着非常浓厚的兴趣这一点至关重要。创始团队尤其是创始人对项目的热爱程度和执着程度会形成独特的魅力，这会赢得团队里更多人的追随。随着项目规模扩大、团队人员增加、总体影响力提升，内部和外部各界对创始人以及创始人团队的要求更高，期望值也更大，这需要创始人及其带领的团队守初心、担使命，时刻不忘记目标终点，也不忘记当初为什么出发。

在创业项目选择方面，需要通过对外部环境进行分析、对市场容量分布进行调研、对当下的热点与未来趋势判断，结合创始团队的实际情况（包括但不限于志向、能力、资源、资本等），确定出具有差异化和核心竞争力的产品或服务。知彼知己，方能百战百胜。

一缕渝风团队在初期遇到的瓶颈之一是团队人员不足、缺少人才，陶虹源作为团队的领导者，从自己的班级着手，邀请一些有想法有能力的伙伴加入团队，充实力量，推动项目正常运转。一名优秀的领导者要善于发现人才、吸纳人才，建立人才输入渠道，稳定的人才输入渠道是团队血液循环的有力保障。当然，在团队管理和人才激励方面依然面临着极大的挑战。

一缕渝风团队根据项目运营需要，设计了较为实用的组织架构和人员分工，设计制作、市场调研、产品销售、新媒体运营等工作有专人负责，对每一个完成工作任务都进行复盘、推演，总结经验、吸取教训、不断成长，既发挥了团队成员各自的长项和优势，形成了团队的共性竞争力，又对品牌形象注入了最基础的力量元素。

创造客户价值是企业的立身之本。重点是要思考能为客户提供什么，能够为客户创造什么样的价值。正是在为客户创造价值的过程中，企业才自然而然地实现了自身的价值。创造客户价值的关键在于要进一步向市场靠拢、向客户靠拢。只有关注市场、关注客户、关注外部大环境的改变，才是解决企业所有问题的根本。

点评导师：斯太尔（上海）教育科技有限公司总经理　吴安奉

凡事皆有可能，永远别说永远

——记四川美术学院 2013 级学生张熙

企业（团队）名称：大西瓜影视工作室

成立（创业）时间：2016 年 6 月

业务范围：影视广告产品电影制作

创始人基本情况：张熙，四川美术学院影视摄影专业

主要荣誉

2017 年获第三届中国“互联网 +”大学生创新创业大赛重庆赛区选拔赛银奖

创业历程

公司注册成立后，当时的我也很快就要大学毕业了，从校园到职场，对我来说，学生身份的转换无疑是一个不小的挑战。一个公司也并非单打独斗可以成事，而是要在团队中集众智、合众力、拼众心，才能使公司有所建树，口碑由小到大，逐渐提升。

人际关系的维护不仅可以充分将企业利益最大化，良好的企业文化在工作当中也可以帮助企业实现和谐工作氛围的营造。对于工作中人事的处理，我始终秉持着真心诚意的态度。这样的态度也帮助我结交了许多的专业人才。在我的团队中，囊括了导演、编剧、摄影师、灯光师、企划人员等在内的众多行业精英。我们公司的经营运作因为这些核心力量而充满生机活力。

每一个项目的完成，都离不开公司团队成员的支持。团队中，人员衔接配合十分紧凑，业务繁忙的时刻，我们与时间赛跑，同日月竞争，大家沉浸在工作之中，毫无怨言。重庆人特有的“热情”“耿直”的性格以及对待工作一丝不苟的认真态度，也给我留下了深刻的印象。记不清有多少次，因为拍摄场地条件有限，设备运转不灵，只能临时抽调技术人员来现场解决问题。哪怕看似一个电压不足的小问题，团队成员也亲力亲为，动用一切力量保证工作顺利进行。在拍摄大足城市旅游宣传片时，因为我们动用的无人机进入了禁止航拍的区域，公司团队及时与多方协调沟通，最终在大足区政府的支持下，得以顺利完成全部拍摄工作……

像这样的困难和挑战，像这样的团队合作，在创业的几年中数不胜数，我们可谓痛并快乐着。在这个过程中，我遇到了志同道合的伙伴，幸运非常；与他们交流分享工作中的苦与乐，充实亦然；进而结识更多志同道合的朋友，快乐加倍。在团队成员通力合作、不懈努力下，团队才得以越来越壮大，我始终相信，只有凝聚团队的力量才可能创造更大的价值，创业梦想也会因为这些难能可贵的情谊而更加厚重，更加真切。

作为一个专业的影视制作公司，除了整个公司的运营管理之外，技术的更新、产品的创意和对艺术性的追求，才是同心协力的主推手，而这些都离不开团队成员自我更新的学习能力。

虽然目前要达到行业尖端的影视拍摄技术还有很长一段路要走，但这四年中，公司在不断地更新拍摄方式，汲取先进技术，一直走在重庆影视制作行业的前列。在 VR 技术还没有广泛运用到影片拍摄前，公司就已经

开始将 VR 全景拍摄的技术手段运用到旅游、地产等商业宣传片的拍摄制作当中。2017 年拍摄一个需要高速摄影机才能完成的影片时，为了让客户产品宣传能得到更清晰、更具有视觉冲击力的视觉体验，我们紧跟时代影视潮流步伐，租借了当时国内仅有的三台超高速摄影机（5 000 帧 / 秒）进行拍摄，最后也得到了客户的认可。为了让团队成员了解行业内的最新拍摄技术，公司每年都会安排技术人员赴北京、上海等地，进入一线的影视剧组观摩学习，同时每月定期开展内部员工之间学习交流、反思问题、总结经验的活动。

在我看来，对于一位职业创作者来说，最痛苦的莫过于创意枯竭。创新才是第一发展力，创新才有持续向前的动力，才是不断攀升的前提。技术在不断更新，在制作上也需要新意迭出。内行人不说外行话，刻板印象中“广告创意人最厉害的就是创意无穷、脑洞大开”的思想其实是充满偏见的。在实际工作中，创意人经常会面对一些“类似”的项目，客户方提供的产品类似、功能类似、诉求类似、风格类似的状况，容易导致创意者思维模式同质化，继而出现创意雷同的困境。要如何避免产品内容同质化、风格相似化，甚至避开市场上为了商业利益博取眼球的三俗化趋势，是公司在创业历程中必须要克服的障碍。在这个过程中，我们团队就采取头脑风暴的方式，集众智以避免个人才思枯竭。

创业感悟

公司的建立以及成长对于公司自身及团队伙伴来说，无疑是实现既定目标的规划步骤，中间需要克服困难以及从失败经历中汲取经验教训是必经的过程。而对我来说，创业不仅是完成一项事业，更是贴近梦想的一次美好经历，我从中获取的不仅是相关领域的专业知识，更是对个人人生理想及自身价值实现的绝佳体现。从校园到职场，从学生到创业者及决策者，我在公司的年轻团队中更多体会到的是团队的年轻化、知识化与创造化，让我对团队充满信心。在盘算了公司整体盈利状况后，我发觉除开商业盈利的部分，公司也自觉承担起相应的社会责任，为企业口碑及文化的树立起到十分关键的作用，也为企业经营制作的多元化提供了模范版本。革命尚未成功，同志仍需努力！正如电影《蜘蛛侠》所说：“With great power comes great responsibility.”即能力越大，责任越大。我们始终希望，通过自己的付出与努力，将公司发展成影视摄影行业内的知名企业，甚至位居影视相关产业前列也未尝不可，以便未来可以更好地助力中国第三产业的发展，为中国强起来、美起来贡献我们的绵薄之力。

回顾创业这四年，个中艰辛不足为外人道，经历的种种也的确让我百感交集。时代更迭，发展瞬息万变，争做时代的弄潮儿，就必须要不忘初心，继续前行。无论在何种情况下，“科技 + 艺术”始终是公司发展的核心竞争力，而对艺术的追求，对科学的信仰，对影视制作的热情，始终贯穿在我们团队对公司的定位和发展规划当中。创业者只有团结一心，勤于奉献，共创共融，才能为企业发展提供可变通的新思路、可触及的新目标、可进击的新机会，最终走出属于我们团队的一片广阔天地。

导师点评

这是一个利用专业知识开启创业的大学生初创团队，和所有初创团队一样，都会经历团队的组建、联合创始人的选择与分工、团队的磨合与配合等历程，最终才能走上正轨。

一、团队的组建

就业还是创业？这是摆在很多即将毕业的大学生面前的选择。一个公司也并非单打独斗可以成事，当你终于艰难地作出“我要去创业”的决定后，首要的任务就是组建一个共同创业的团队。团队的组建必须遵守以下几个原则：

1. 目标明确合理原则

目标必须明确，这样才能使团队成员清楚地认识到共同的奋斗方向是什么。与此同时，目标也必须是合理的、切实可行的，这样才能真正达到激励的目的。

2. 互补原则

从人力资源管理的角度来看，建立优势互补的创业团队是保持创业团队稳定的关键。创业者之所以寻求团队合作，其目的就在于弥补创业目标与自身能力间的差距。只有团队成员相互间在知识、技能、经验等方面实现互补，才有可能通过相互协作发挥出“一加一大于二”的协同效应。

3. 精简高效原则

为了减少创业期的运作成本，同时最大比例地分享成果，创业团队人员构成应在保证企业能高效运作的前提下尽量精简。

4. 动态开放原则

创业过程是一个充满了不确定性的过程，团队中可能因为能力、观念等多种原因而不断有人离开，同时也不断有人加入。因此，在组建创业团队时，应注意保持团队的动态性和开放性，使真正完美匹配的人员能被吸纳到创业团队中来。

二、联合创始人的选择与分工

组建创业团队，联合创始人的选择至关重要。创业团队至少需要以下两种联合创始人。一是需要一个懂商业、做市场的人，专门负责项目产品化、产品市场化的相关工作，带领团队不断探索、迭代、优化适合自己项目的商业模式。二是需要一个专门负责在拿到订单后的执行、交付、服务等运营相关事务的合伙人。

张熙、高勇本是同班同学，一个性格外向，思维活跃，适合主外，一个思维缜密，执行力强，比较适合执行类工作。以具体分工来看，张熙负责前期策划、导演工作，高勇负责后期执行工作，如后期剪辑和特效部分。

三、团队的磨合与配合

为了增强创业团队的稳定性，张熙、高勇在挑选成员的时候就已经考虑到成员的性格、个性、能力、技术以及未来的价值分配模式，这保证了团队成员的能力不会因为公司规模的扩张而不适应经营的要求，同时不会出现创业成员间因为自身性格、兴趣不合，导致创业团队解散的情况。

为使项目团队的磨合时间缩短，联合创始人应主动引导所有成员一起制订创业项目共同的目标愿景、方向和路径、盈利模式、激励与分配机制、行动纲领和行为准则等，同时还要允许成员充分表达他们所关注的问题，团队意识就能得到进一步强化。本项目的团队成员都是由张熙、高勇的同学或川美在读的同学组成，具有相似的专业背景、相同的理念和观点，在人际交往上具有一定的交集。但另一方面，需要值得注意的是，团队成员在性格上的差异和处理问题的不同态度就容易被掩盖，同时团队内又缺乏真正的沟通，那么该团队实际上并未形成真正的团队，这是创业团队在磨合中必须重点关注的。

综上所述，创业团队是一个初创公司的最核心资产，团队只有集众智、合众力、拼众心，优势互补，不断磨合，才能由小到大、由弱到强，逐步稳定提升。

点评导师：智造创业服务集团董事长　黄海

化学实验室里的环保追梦者

——记重庆理工大学 2017 级学生艾铄

企业（团队）名称： 重庆士继生态环境科技有限公司

成立（创业）时间： 2018 年 3 月

业务范围： 环境功能微生物研发、生产、销售，提供水体污染生物技术解决方案

创始人基本情况： 艾铄，重庆理工大学材料化学工程专业（硕士研究生）

主要荣誉

2019 年获“重庆英才·创新创业示范团队”

2019 年获“重庆高校十大双创明星”荣誉称号

2019 年获第五届中国“互联网 +”大学生创新创业大赛重庆赛区选拔赛金奖

2019 年获重庆市第七届大学生创新创业大赛一等奖

2018 年获第四届中国“互联网 +”大学生创新创业大赛铜奖

2018 年获“创青春”全国大学生创业大赛铜奖

2018 年获重庆市第八届“科慧杯”研究生创新创业大赛金奖

重要媒体采访、报道

2019 年 9 月 22 日，重庆新闻联播报道《鼓励创新创业　2019 重庆高校年度“双创”明星评选揭晓》

创业历程

我叫艾铄，是一名爱说的创客。在本科大二阶段，我通过专业知识学习，意识到环境保护将是我国未来重点发展方向，而将自身所学用于环保既可抓住商机，又可为社会做贡献。于是借助重庆理工大学学生“科研立项”的机会，我组建团队主动找寻从事环境保护课题研究的老师开展实验，最终成功获得了化工学院赵教授的认可，进入了赵教授的课题组，并在赵教授的指导帮助下，利用所有周末和课余时间与团队合作开展废水处理技术研发。这期间团队共成功申报 3 项学校科研项目，其中 1 项入选国家级项目（创新训练项目）、2 项校级重点项目（科研立项和科技创新团队），项目累计经费 2.2 万元。这笔经费对于本科生团队来说，可谓一笔巨大财富，也意味着我们的创业之旅将正式开启。

在学校研发经费支持和学院老师悉心教导下，我们成功在中文核心期刊发表 1 篇关于难降解污染物治理方法的论文，授权 1 项关于难降解污染物治理方法的发明专利，并参加 2 次学科竞赛，分别为大学生物理创新竞赛和“挑战杯”全国大学生课外学术科技作品竞赛，均取得良好成绩。这段科研经历为我们创新思维的培养奠定了基础，也磨炼了我的团队管理能力。团队的力量是无穷的，但是团队的磨合也是辛酸的。在团队磨合过程中，曾出现过很多问题，最常见的就是争吵，现在回想起来这些都是宝贵的财富。虽然经常在开会中吵得面红耳赤，但是争吵之后会使我思路变得更清晰，我很感谢他们，让我学会了倾听和换位思考，让我正视自己的缺点并逐渐改正。

本科结束后，团队成员中有人选择了离开，剩下的选择了继续读研深造。我们考取了本校硕士研究生，在本科阶段的技术研发成果基础上，继续开展更深入的研究，希望将科研成果市场化应用并实现商业化。依托重

庆理工大学平台，我们通过更深入的专业课程学习、专业讲座交流来完善自己的知识结构；通过废水处理工程实地调研、环保企业调研来提高自己对技术需求的认知；通过环保论坛、会展交流来提升自己对市场的敏锐洞察力；通过创业课程培训、企业管理知识学习来推理自己的创业逻辑。

基于前期在创新思维方面和创业能力方面的准备，我们于 2018 年 3 月创立“重庆士继生态环境科技有限公司”，注册资金 200 万元，主要从事环境功能微生物研发、生产、销售，针对不同污染水体提供最优生物技术解决方案，立志为我国环保事业添砖加瓦。成立之初，公司核心成员共 4 名，我就任 CEO，主要负责市场推广。全体成员围绕公司最初制订的目标，同心同德，开拓进取。在大家的共同努力下，公司成立第一年便实现盈利，在畜禽养殖废水处理、化工合成类工业废水处理、高速服务区废水处理等方面取得 10 项成功案例。这期间先后获得重庆理工大学和清研理工创业谷的帮助与投资，该创业事迹被华龙网、腾讯新闻、上游新闻、东方财富网、重庆广电等媒体相继报道，我有幸在 2019 年获评“重庆高校十大双创明星”，同时团队也于 2019 年荣获“重庆英才・创新创业示范团队”。

创业感悟

回首往昔，距离我们最初的创业梦想已历时 6 年多，这段岁月里有喜悦、有争吵、有离别，留下更多的是总结与思考，古人言“失败是成功之母”，下半句也许为“总结是成功之父”。

首先，兴趣第一。“兴趣是最好的老师”这句话我们耳熟能详，创业的道理也一样，创业建议首先要选择自己感兴趣的行业和领域，创业会逐渐变成一件快乐的事。建议不要首先考虑挣钱，我们会发现世界上永远有人比我们有钱，如果以挣钱为第一目的，我们不会去专注自己的产品与服务，不能成为领域里的专家，不会有工匠精神，不会有社会责任感。“沃尔玛”创始人山姆・沃尔顿就是很好的例子，沃尔顿一生中大部分时光是在商店中度过的，他最大的乐趣便是研究每一家连锁店销售的商品。

其次，实践第二。优衣库创始人柳井正说，所有伟大的公司，都是因为解决了一个巨大的矛盾。当找到创业的方向后，我们要去找到一个问题，这个问题要符合两个特征：一是够大，二是够痛。而以成本最低、风险最小、速度最快去验证我们解决方案的方法是实践，通过简单的设计将解决方案展示给客户，可以是产品展示、视频展示等，验证客户是否认同你正在解决的问题就是他们面对的问题，客户是否愿意为之买单，客户是否愿意回购。企业获得成功是因为认真听取了客户的建议，并学会如何解决客户的问题，而这些可以在最初时通过实践去验证。

导师点评

自 2015 年以来，国家出台了一系列政策和措施，鼓励和推进“大众创业、万众创新”活动，“双创”工作取得了实效，高校大学生对于创新创业不再陌生和畏惧，勇于冒险创新，敢于创业实践，尤其是结合学科专业，在开展科技成果转化方面取得了宝贵的经验。校园师生科技成果是大学生创新创业项目的重要来源，但是科技成果转化的风险也较高，企业经营存在较大的不确定性。

首先，从技术创新到产品研发是第一次跨越性的飞跃。为什么许多获得国家专利成果的技术发明不能转化为产品？一方面是技术的成熟度需要进一步检验和完善，另一方面是技术和产品的实际应用场景缺乏针对性和实效性，从而导致技术发明不能得到推广应用。

其次，技术成果转化周期较长，需要进行初试、中试和市场推广三个阶段，资金需求较多，必须有风险投资才能保证项目顺利推进。本项目非常幸运，得到了学校种子基金支持和重庆清研理工创业谷天使轮投资，解决了资金缺口，保障了该项目顺利启动。

再次，技术创新项目在组建团队时往往忽视成员的结构性差异，团队大多来自同一专业的本专科、硕士、博士同学。这样的团队在科研技术研发方面实力很强，也容易出成果，但是在面对市场调研、客户谈判、市场开发等商业活动中缺乏能力和经验，导致产品不能有效推广，合作渠道难以建成，甚至在路演融资方面都存在明显不足。本项目团队在团队磨合中也出现过许多问题，导致经营效率低下，缺乏市场开拓能力。值得点赞的是该项目团队负责人具有创业精神，能够咬紧牙关，坚持不懈，不畏困难，积极学习，补齐短板，不断提升自身的创业能力，解决创业过程中遇到的问题，有力地推动了项目市场化应用，取得了较好成绩。

最后特别要说的是，创新是每一位大学生都应该培养的素质，创业不一定适合每一个人。因此，每位同学要认真审视和分析自己，做出正确选择。大学生可以多参与科研项目的创新研究，也可以参与项目的市场运作，在创业实践过程中去发现自己，认识自己，最后再根据自身条件和外部环境因素决定是就业还是要创办公司，真正去创业。就业和创业并不是截然分开的，可优先就业积累经验、资源和人脉后再创业，也可以先创业，如果不顺利，再就业。总之，人生有多种可能，勇于尝试，积极作为，证明青春的价值，去看更精彩的世界。

点评导师：重庆交通大学　朱辉荣

创业案例

"金"棘之下，向阳而生

——记重庆第二师范学院 2015 级学生蒋红霞

企业（团队）名称： 重庆有艾生物科技有限公司

成立（创业）时间： 2018 年 12 月

业务范围： 中草药健康产品开发、技术咨询及服务，互联网销售消毒产品、化妆品

创始人基本情况： 蒋红霞，重庆第二师范学院应用化学专业

主要荣誉

2020 年获第四届“青春创客”系列活动就业专项赛总决赛二等奖

2019 年获第五届中国“互联网 +”大学生创新创业大赛重庆赛区选拔赛金奖

2019 年获重庆市第七届大学生创新创业大赛优秀奖

2018 年入选重庆市第二期“优创优帮”大学生创业扶持计划

创业历程

现在回想自己的创业历程，有点恍恍惚惚、不可思议，也有点心之所向、必然使之。

不可思议是因为我的创业之心起始于一次偶然的想法。夏天因为蚊虫叮咬后会出现红肿、瘙痒等症状，听说某花露水止痒效果显著，于是满心欢喜地买来试用后却发现仍然还是红肿，而且其他没被叮咬但被喷到的地方也红了一大块，后来才发现产品里含有酒精等刺激性成分。后来我又尝试了其他品牌，发现市面上的外用止痒产品大多添加有刺激性成分。因为我是敏感型肌肤，所以对刺激性成分比较敏感。于是我开始思考，如果能有一种不含酒精或其他刺激性成分的产品就好了。

而这个想法的种子在心里开始生根，缘于我听外婆说小时候为了预防蚊虫叮咬或者被叮咬之后就会用金银花藤、艾叶等好几味中草药熬水洗澡止痒，后来发现不仅我们家会这样做，三峡库区几百年来在端午也有这种传统。于是我萌生出把这个经过几百年临床试验的民间配方转化成一个产品的想法。

一个人的力量始终是微小的，想动手时才发觉自己学到的专业知识不够全面。在三峡库区药用资源重庆市重点实验室谭君老师的帮助下，这颗种子开始发芽。也就是在那时，我找上自己的伙伴组建了“金抓抓”团队，我们翻阅大量书籍、查找相关文献，顺利地在实验室开展前期预实验——如何把本草精华从草药中提取出来，并保持原有药效还不破坏其组成成分。实验过程中，我们一次又一次的失败，有朋友开始打退堂鼓，悄悄地就不来实验室了。看着拥挤的实验室突然就只剩两三个人时，我也有点动摇，至此创业这颗发了芽但没见到阳光的种子差点就夭折了。但万幸的是谭老师给我讲了很多有关他和团队的创业故事，无形中引导着我往前走。而我也是不达目的誓不罢休的倔人，于是继续和没有离开的伙伴不停摸索，创新制备工艺，不停优化产品配方配比，最终在几个月后，成功申请到了第一个关于“一种消炎止痒中药组合物及其制备方法”的发明专利。

说实话，创业前期全是实验，创业仍然还是一颗种子，并没有让我觉得和真正的创业扯上了什么关系，总感觉像是在完成一个项目而已。直到

我们克服实验中的种种挫折、做出产品，在学校的“启智”众创空间作为大学生创业孵化项目立项时，我才猛然发现，这就是一个商机、一个我们可以去开拓的事业，此时创业种子的芽也在黑暗中破土而出，看见了一缕阳光。当我开始写学校创业孵化项目申请书的那一刻，我就决定踏上创业这条看起来很美好的路。前期的困难以及毕业等原因，初期的团队成员很多都退出了，我开始反思，难道团队成员就是找自己熟悉的朋友吗？在谭老师的启发下，我认识到一个创业团队要想长久稳定下去，团队成员必须具有创业意愿、创业精神和创业能力。我开始寻找对创业有想法且来自各个领域的人，很快一群有创业想法且来自化学、药学、营销、视觉传达等不同专业的伙伴加入“金抓抓”团队。我感到了一种从未有过的团队力量，让我更有信心带领重生后的“金抓抓”团队继续走在创业路上。

此后，我们便带着团队研发的产品参加成果展洽会、学校博览会。一开始真是心情忐忑，因为没经验，怕不能应对商业谈判，同时也担心没知名度会无人问津。所以我们只要有人过来，就主动热情地介绍产品，耐心回答来访者的每一个问题，深入了解用户的需要与期望。最后结果出乎我的意料，到展览结束，我们的产品在现场被咨询次数是最多的，并且有很多来访者和多家幼儿园留下联系方式，表明对我们产品的青睐，与我们达成合作意向，还有一些投资商也表明了投资意向。我想能够取得目前的效果，原因有二：一是我们的努力和认真，产品质量过关，具有市场开拓的基础；二是团队的激情和坚定让用户对仍是大学生的我们有了信任感，愿意支持我们。

创业途中，有一件让我很感动的事情。在 2018 年 12 月，公司成立，正值创业的前段忙碌期：各种比赛，创业培训，寻找投资，去线下门店推广；同时也正是学期末的考试期：有成员准备期末考试，有成员准备考研，时间非常紧张。然而即使是在这种情况下，也没有一个人说过要退出团队，更没有人抱怨创业初期、公司筹建拿不到劳务费，大家反而铆足了劲儿，白天做实验、跑推广，晚上挤时间复习、准备考试。那种感动大概只有经历过的人才会懂！就是那段时间，让我看清了创业的道路并不是那么美好，脚下的泥泞坎坷只有踏上去了才知道，也正是这份感动与团结，坚定了我走下去的决心。

创业感悟

从2019年7月参加全国大学生创业大赛到在第五届中国“互联网+”大学生创新创业大赛拿到重庆赛区选拔赛金奖，并获得一些投资意向，签订采购意向书起，历时一年多，从三人小组慢慢发展成了十几人的强大团队，指导老师由一人扩大到多人。我们从刚开始的一无所知和一筹莫展，到现在对技术、营销、财务、融资、风险防范等实践经验都有了一定程度上的认知。我最大的感悟就是在艰苦的创业过程中我们不断成长与蜕变，灵感源于生活，力量源于团队，成功源于坚持。

如果我当初没有在对刺激性成分过敏时萌生想法，或许后来的这一系列都不会发生。正如世界上很多的新发明一样，这些发明的最初想法大多源于生活，如果有一个大胆创新的想法，就一定不要让它仅仅只是想法，勇敢迈出第一步，你才会有一个明确的向前奔跑的方向。而在奔跑的路上有同行的人才能陪伴你，相互扶持走得更远，并且这些同行人一定是与你志同道合的，好朋友不一定适合做你创业路上的伙伴，团队骨干的组成至关重要。在参加创始人培训时，徐中老师有一句话至今印在我的脑海里，“团队创业会面临的风险可以用四个成语概括：同舟共济、同床异梦、同室操戈、同归于尽。”如果一个初创团队，一开始或许大家都在向前，后来慢慢发现各自前进的方向都不一致，这最终会使得一个企业分崩离析。所以一个企业要更好地发展，力量一定是来自团队的。我们目前还是一个小型团队，没有惊人的成功，但一路上也收获了一些小成就，虽然创业这条路泥泞难行，但我相信坚持走下去，泥泞之路最终一定会被阳光普照，变成康庄大道。

导师点评

很高兴为这个创业团队做点评。

这个团队的项目和目前的产品是一个可观的、巨大的“健康市场”，而且瞄准的也是“儿童绿色产品”。从商业角度来说，在以后的经济领域，健康市场必然会极速增长，健康产品也将有极大的市场爆发。所以这个项目大有可为。

这个创业团队我接触得比较多，总体来说，这个团队非常优秀，人才济济。每位成员都有承担各自岗位责任的能力，也有独当一面的能力，而且大家也很积极地在为这个项目努力奋斗。我希望大家多付出，不计或者少计回报，成功了，一定会收获更多。就算不成功，你也经历过，努力过！

在这里也说一下创业团队普遍都会出现的问题。比如团队股权问题，国家对技术转化为生产力都是大力扶持的，而很多高等院校、科研机构的创新技术偏偏很难转化为市场产品，其实根本上就是由于股权问题和分配问题。如果想要做大做强，我建议可以重新设置股权模式。按能力、投入时间、产生的商业价值做一个活动的股权分配方式，可以更加有效地调动学生创业团队的积极性和资本介入的积极性。产品强，团队强，资金强，这个项目就会走得更顺利一些。

另外一个弱势的地方就是销售团队的搭建问题。当产品逐渐成形，第一步就需要搭建一个可靠的销售团队，产品再好，卖不出去，也是没有价值的。任何一个产品型的企业，他们的销售组织一定是非常强大的，比如美的集团、格力集团。所以我建议这个团队可以积极地筹划一支合格的销售队伍。

在创业路上必然会出现一些坎坷，通过创始团队的努力，我希望这个项目能绽放夺目的光彩，争取做一个一流的企业出来！

点评导师：重庆蓝神机器人科技有限公司董事长　彭亿

青春梦可期：他们在创业路上风雨无阻

——记重庆工业职业技术学院 2017 级学生段邓杰

企业（团队）名称： 重庆易圣奇科技有限公司

成立（创业）时间： 2017 年 11 月

业务范围： 摄影摄像、微课制作、工业产品设计制作

创始人基本情况： 段邓杰，重庆工业职业技术学院数控技术应用专业

主要荣誉

2019 年获第五届中国“互联网 +”大学生创新创业大赛重庆赛区选拔赛银奖

2018 年获重庆市第二届中华职业教育创新创业大赛二等奖

创业历程

我在大一时，听从了老师的建议，积极报名参加了学校桃源大道工作室的选拔。经过面试、培训、渲染、排版等层层选拔正式进入桃源大道工作室。因此，我在学习期间慢慢地有了目标，不再像之前一样浑浑噩噩地过下去，便萌生了创业的想法。

有了想法后，我经常上网了解创业的相关资料，发现政府为大学生创业提供了很多优惠扶持政策，例如学校会为大学生创业提供场地、企业培训、法律、知识产权等服务。在知道了这些之后更加坚定了我的想法，于是在 2018 年 3 月 16 日我继承了重庆易圣奇科技有限公司成为法人代表，从此正式踏上了创业之路。现在我不仅是一名学生，还是一家公司的负责人。

2018 年 4 月，我带领团队在导师的协助下完成了康明斯“学生故事”短片的收尾工作，这部短片受到了康明斯总部的认可，并要求为其制作英文版。这无疑给我们团队带来了极大的鼓励，让我们创业的信心大增。

也因此，我们的摄影团队及公司在重庆工业职业技术学院中名声大噪，吸引了新的客户。2018 年 4 月中旬，我迎来了自上任以来第一份合同，为重庆工业职业技术学院通识教育学院的语文组制作“应用文写作”在线课程。这是一次全新的挑战，虽然我们之前没有接触过这一块，但是人生要敢于尝试，开公司也一样，若是遇到困难就放弃，那么公司最终也做不长久。

由于是第一次制作微课，经验很少。我们在前期拍摄就出现了各种问题，例如如何去布光，提词器、相机与老师之间应呈什么样的角度才会让画面尽量地自然，老师身高不统一需要频繁调整相机高度、灯光等，这些问题都是以前没有遇到过的。无疑给这次拍摄带来了一定的挑战，我坚信办法总比困难多，灯光不行就去请教布光的专业人士，上网搜索相关资料并进行多方面的尝试，直到合适为止。每一个老师的身高都不一样，之前每拍一场我们都需要去调整设备，这样时间成本太高了，也许本需半小时就能完成的却用了 40 多分钟。后来我们制作了一个可以调整高度的垫板，方便随时根据老师身高来进行调整，不用去调换其他设备，以免浪费时间。烈火试真金，逆境试强者。最终我们战胜了重重磨难，与老师们的配合也

越来越默契，交给了客户一份满意的答卷。

2018 年 6 月，第四届中国“互联网 +”大学生创新创业大赛如期开幕，我们在乡土视角项目上荣获铜奖。比赛获奖让我信心倍增，在导师的鼓励和建议下，我们参加了重庆市第二届中华职业教育创新创业大赛，通过不断地创新，荣获了二等奖。

从学生转变为公司负责人，事事都要自己去解决，公司目前规模较小，由于有客户帮忙宣传且口碑不错，有很多顾客都主动找上门来。但我们的团队均为在校学生，学习任务重，一些人陆续退出了团队，新成员刚培养上手不久就离开了。长此以往，公司迟早会被拖垮的。正当我还在焦虑如何劝说团队成员留下时，一次偶然的经历让我茅塞顿开。我在网上点外卖时发现送货员竟然是我们班的同学，便和他闲聊了一会儿。当他说做兼职时让我灵光一闪，我决定将一些简单不复杂的事情进行外包，交给校内愿意做的人去做，并统一进行培训，在结项后支付一定的费用，剩下有技术难度的工作就交由团队内部分工解决。这个办法果然奏效，不仅为团队成员争取了宝贵的学习时间，还减少了大量不必要的劳动成本，同时解决了部分贫困在校大学生的兼职问题，可谓是一举多得。

从此我们团队成员分工明确，各有各的安排，不再像之前那样没规划，主要人员也逐渐稳定下来。我们的涉猎范围也开始扩大，业务也逐渐多了起来。之后我们承接了 300 余节微课、贵州电子信息职业技术学院 2018 年国家级教学成果奖申报的视频制作、民盟渝北区委年度总结会、中德合作数控技师培训花絮、模具技能大赛短片、高校抗震应急演练现场会、孵化园创新创业培训短片等项目，目前公司合同额已达 79 万余元。

创业感悟

记得习近平总书记在北京大学师生座谈会上，要求我们青年要扎扎实实做事，踏踏实实做人，励志报效国家、服务人民，于实处用力，在知行合一上下功夫。其实，近几年政府在不断地鼓励当代大学生创新创业，给予了我们很多的创业发展空间以及政策，只要你抓得住机遇，把握住时机，定能创出一番事业。

俗话说，三百六十行，行行出状元。转变观念天地宽。尽管只是一名职业院校创业的当代大学生，只要踏踏实实干事业，把想法变为现实，实现自己的青春和建设美丽家园的梦想，相信只要坚持肯干，成功就在一刹那间。当你觉得自己很优秀，有些飘飘然的时候，只是你的眼光比较狭窄而已，你对比的只是身边的小部分人群，你应该对比比你成功的人，向比你更懂的人学习，学得越多会越觉得自己不过如此。在水面上蹦蹦跳跳的都是小鱼，真正的大鱼都在水底！

同时经过这两年的创业实践，我认识到创业的目的是为别人服务，并最终让别人掏钱。创业不是为了满足自己的成就感，而是要考虑别人的需求，而非自己的需求，需要研究别人，并推己及人。因此，创业就是满足更多的人的需求，创造更大的价值。

导师点评

这个项目是一个很典型的有明确细分领域的创业项目，他们的案例值得广大大学生创业者参考。大学生的创业项目一般容易存在以下几个问题。

第一，创业方向的选择。大学生创业者群体年轻有朝气，往往在决定创业的时候有种初生牛犊不怕虎的热情。但创业是一个从零到一的过程，也可以说是死里求生的艰苦过程。市场就像一个斗兽场，充斥着看不见的硝烟，进场后才能知道它的残酷。于是如何选择自己的创业方向就尤其重要了，是否有一个好的切入点，关系到创业的成功率。大学生创业，两类项目比较容易走得更远：一种是充分结合了自己的专业所长，另一种是由自己的兴趣强驱动。段邓杰同学创办的这个项目非常好地结合了自己的机械学院数控技术应用专业所长，很有市场洞察力地发现了微课、慕课领域的商机，毅然切入了这一个细分领域，是他们能比很多别的视频类创业项目走得更远，也更具发展性的主要原因。

第二，目标市场模糊。在大学生创业项目里存在大量的视频拍摄制作相关的项目，创业者在进入的时候可能基于一腔热情，毅然投入。实际上视频拍摄制作相关领域是个红海，此类项目门槛较低，随着自媒体时代的到来，往往有一台相机，有一部手机，就能成立一个工作室。但是随之而来的问题是，市场到底在哪里？内容如何挑选？如今，大量的视频团队为了存活，什么类型的内容都做，比如宣传片、短视频等。但面临的结果却是因为项目同质化严重，很难找准自身的竞争力所在，找不到精准的市场切入口，不知道自己的用户在哪里，长期为了生计疲于奔命，最后可能不了了之。段邓杰同学创办的这个项目也经历过初期的迷茫，但是很快就找到了自己的切入点，经历了项目边界的聚焦、项目方向的明确、团队管理的升级等过程，很明确自己的目标市场在哪里，企业具备了面临市场挑战的能力，也坚定了发展下去的信心。

第三，对创业的认知偏差。这是一个意识觉悟层面的问题。大学生的特点在于朝气蓬勃，但往往也容易因为自己的社会阅历、经验资源的不足或者是假想与现实的差距过大在创业的过程中受挫。我们可以看一看那些创业传奇人物的事迹履历，往往都具备一个共同的特质：极其强大的内心。段邓杰同学经过了一段时间的打拼，发觉真实的创业是残酷的，了解创业不是简单的过家家，并不是偶像剧里演的那些霸道总裁戏码，也不可能每个人都能像媒体宣传报道的那些案例一样一夜暴富。他意识到了客户的重要性、市场的重要性，已经成长为在这场残酷战斗中想办法存活并获胜的一个有觉悟的创业者。

点评导师：重庆清控承智科技服务有限公司总经理　林霄

平凡中铸就青春理想

——记重庆工程职业技术学院 2016 级学生刘逸鹤

企业（团队）名称：剑兰科技（重庆）有限公司

成立（创业）时间：2016 年 1 月

业务范围：CAD 二次开发

创始人基本情况：刘逸鹤，重庆工程职业技术学院珠宝鉴定与加工专业

主要荣誉

2017 年入选重庆市第一期“优创优帮”大学生创业扶持计划

创业历程

每个人，都会对自己的未来充满幻想，就像年少的保尔 · 柯察金，总是期盼着自己未来可以像斗士一样去战斗。每个人，都不会生活得一帆风顺，就像成年后的保尔，感受到了命运的残酷。面临命运的考验，有的人会畏畏缩缩不敢尝试，有的人则激流勇进无所畏惧。当步入大学的我面对萍水相逢的同学、陌生的新环境，感觉到了自己的渺小与无助，我不想就这么平平淡淡地混过这三年，想靠勤奋的双手实现自己的梦想。

我开始做微商，在微信中推销服装、鞋子，靠着亲戚朋友的照顾，偶尔挣些小钱补贴生计。我结合自己的专业代理珠宝首饰，锲而不舍地进行推销，碰了无数次壁，但是皇天不负苦心人，大一下学期的我，偶然间接触到了淘宝客服的兼职工作，开始沉下心来给人打工，积攒淘宝运营的经验，梦想着有朝一日可以有一家自己的店铺。在工作的过程中，我认识了其他学校搞软件开发的朋友，一群热血青年陆陆续续聚到了一起，有懂网络营销的，有懂财务管理的，有懂技术研发的，大家集思广益，经过讨论决定利用现有资源做 CAD 二次开发项目，利用网络来拓展 B 端和 C 端客户，一个百万级的项目就这样呼之欲出了。

“宝剑锋从磨砺出，梅花香自苦寒来”，作为一名在校学生，我的创业道路并非一帆风顺，相反，创业历程充满了荆棘，但我凭着顽强的拼搏精神从不退缩。大家选好项目之后立马行动，但是在资金、场地、政策方面完全就是小白，甚至公司营业执照如何办理都不清楚，一切从零开始。我上网查资料，小组分工协作，那时候起步的艰难，我仍记忆犹新。不经一番寒彻骨，怎得梅花扑鼻香？不过当时能够起步，只能说真的很幸运，需要感谢党和政府。“大众创业、万众创新”创造了良好的创业环境，工商部门不仅帮我们联系了孵化园，入住免费，还帮我们讲解政策，协助办理营业执照等。人社部帮我们申请了无息创业担保贷款，以及就业困难补贴等。准确地说我们从零到一，不仅是自己走得快，还得益于党和政府帮了一把、送了一程。当这些创业资源都聚集之后，万事俱备，清风徐来。

一个好汉三个帮，一个篱笆三个桩，一个企业的发展离不开一个优秀的团队。农村家庭出身的我，更懂得做人的谦逊和待人的真诚。我的两个合伙人，分别持有公司百分之二十的股份，是一起并肩作战的战友，分别掌管着公司的技术和财务两大核心资源，我自己则负责公司的人力资源与市场。我通过前程无忧、智联招聘等平台招聘十几个大学生，给他们试行“底薪＋绩效”的薪酬模式，同时对部门经理等中干采取股份期权的模式，这样既调动了大家的积极性，又在最大限度节省开支的同时留住了人才。

在团队建设方面我从不以老板身份自居，而是跟员工打成一片，身先士卒求发展，遇到业务难题亲自攻坚。公司的管理不仅靠严格的制度，更靠管理层的人格魅力。我在工作中对待员工奖罚分明，在生活中对员工的照顾无微不至。公司虽小，但是社保、公积金等福利一应俱全，正如有些员工所说：“这里就是我工作上的家。”

艰苦的求学生活磨砺出我不屈的性格，年过二十的我从十一岁便背井离乡开始了住宿生活，少时的困苦造就了我坚忍不拔的毅力和感恩的性格。

受教于学校，受助于政府，我饮水思源勇担当。虽然我还不是一名共产党员，但加入共产党并成为一名党员是我的人生追求之一，所以我始终以党员的标准严格要求自己，出于对中国共产党和社会主义的热爱，我始终相信：一名党员就是一面旗帜！秉持于梦想，践行于实践！勇敢向前，奔赴远方，不忘初心，方得始终。在我看来，做企业也要懂得感恩，财富取之于社会，就要用之于社会。几年来，我积极参与社会公益事业，在汶川地震十周年之际为汶川地震受灾遗孤组织艺术创作培训并开展义卖；为回馈母校，向学校 9 名学生提供了实习岗位，此外还招聘了 2 名应届毕业生，签订了就业协议。

创业感悟

“创业有起点，事业无终点。”我深知，今天取得的成绩，只是明天事业的一个基点，只是人生中的一小步。路是脚踏出来的，历史是人写出来的，人的每一步行动都在书写自己的历史。我在创业行动中一步步地书写着自己的历史和人生。面对人生挫折与失意，我时刻谨记：“用魄力、毅力和定力去披荆斩棘，用坚决、坚定与坚持去开阔人生！人生背后的流言蜚语、前面的荆棘坎坷最终都会成为通往成功道路上的垫脚石。”

凡事都要脚踏实地去做，不驰于空想，不骛于虚声。我以脚踏实地、认真负责的态度去做人做事，在平凡中铸就了自己的青春理想。我的青春之歌在创新创业大潮中唱响，我的青春之梦在创新创业的天空里展翅翱翔！

导师点评

创业离不开团队，共同创业有利于分散创业的失败风险；通过团队成员之间的技能互补可提高驾驭环境不确定性的能力，从而降低新创企业的经营失败风险；更为重要的是，共同创业具有更强的资源整合能力，能同时从多个融资渠道获取创业资金等资源，保证创业企业的成功。从剑兰科技（重庆）有限公司的创业过程中，我们看到了创业团队的价值、创业团队的组建和创业团队的管理。

创业团队的价值之一就是团队能把互补的技能和经验组织到一起，超过了团队中任何个人的技能和经验。创业不仅需要产品研发能力，还需要公司管理能力、市场推广能力等，而刘逸鹤同学在工作中认识的伙伴各有所长，大家聚集在一起，优势互补，形成了一个非常具有战斗力的创业团队。

刘逸鹤同学组建的创业团队也体现了互补原则。创业者之所以寻求团队合作，其目的就在于弥补创业目标与自身能力间的差距。只有当团队成员相互间在知识、技能、经验等方面实现互补时，才有可能通过相互协作发挥出“1+1 ＞ 2”的协同效应。

在股权分配上，刘逸鹤同学的创业团队也做得非常出色。创业团队成员的股权分配是一个敏感、困难，但又十分重要的问题。尤其当几个人一起创业时，经常会采取平均分配股权的方式，但这种平均主义会带来许多负面后果。事实上，成员间因为能力与动机的差异，贡献程度必然不一，如果采取平均主义来平分股权，显然会造成大锅饭心理，影响一些成员真心投入的程度。

刘逸鹤的创业团队股权分配采用适度分散型股权分配结构，在这种股权结构下，既有一定的股权集中度，又有若干大股东存在，刘逸鹤的创业团队对部门经理等骨干采取股份期权的模式，还鼓励员工入股，入股方式除了货币投资，还包含了技术入股、期权、薪资入股等，调动了创业团队成员的积极性。

创业团队管理还需要制定规范合理的报酬制度，创业带头人要营造一个氛围，让每一个团队成员都觉得自己的付出应该有相应的回报。每一个关键团队成员都必须致力于寻找制定合理报酬制度的最佳方案，使它能够尽可能公平地反映每位团队成员的责任、风险和相对贡献。刘逸鹤的创业团队在工作中对待员工奖罚分明，在生活中对员工的照顾无微不至。公司虽小，但是社保、公积金等福利一应俱全，正如有些员工所说：“这里就是我工作上的家。”合理的报酬制度增强了创业团队的凝聚力。

点评导师：中青创想教育科技（北京）有限公司总经理　肖激光

创业
CHUANGYE
JINXINGSHI
进行时 2

第三部分

企业运营

路漫漫其修远兮，吾将上下而求索

——记西南大学 2015 级学生李朝阳

企业（团队）名称：重庆潮尚互联网科技有限公司

成立（创业）时间：2016 年 10 月

业务范围：内容营销、电商运营、网红孵化

创始人基本情况：李朝阳，西南大学市场营销专业

主要荣誉

2019 年获第五届中国“互联网 +”大学生创新创业大赛铜奖

2019 年获第五届中国“互联网 +”大学生创新创业大赛重庆赛区选拔赛金奖

2018 年获第四届中国“互联网 +”大学生创新创业大赛铜奖

2018 年获第四届中国“互联网 +”大学生创新创业大赛重庆赛区选拔赛金奖

2018 年获“创青春”全国大学生创业大赛铜奖

2018 年获“创青春”全国大学生创业大赛重庆赛区金奖

重要媒体采访、报道

2017 年 12 月 7 日，重庆日报、重庆晨报等数十家媒体报道《西南大学学生用新媒体创业 年收入近 500 万元》

2017 年 12 月 6 日，新华网报道《重庆大三学生李朝阳一年创收五百万是如何做到的》

创业历程

见到李朝阳之前，很难将创业两年、盈利千万的总经理形象和眼前这个文质彬彬、戴着眼镜的男孩结合在一起。谦逊、没什么架子，眼镜不厚，眼睛很亮，这就是对西南大学商贸学院市场营销专业 2015 级在校生李朝阳的第一印象。“对于创业者来说，项目选择真的太重要了。”李朝阳说道，“项目的选择，发展项目的初衷，决定了你的‘天花板’，也决定了你可以走多远。”但当项目开始以后，如何运营，如何保证项目持续运转，却成了比挑选项目更重要的事情。

李朝阳生于书香之家，爸爸曾经是教师，姐姐如今在中山大学读博。他自嘲，“在学习上，我从未有一刻超过我姐。”第一次高考成绩不理想，李朝阳不甘心，不向命运低头。于是，在家人的不支持下走向了复读。他坚信，更高的平台才能为今后的发展打下更坚实的基础。事实证明，这次的义无反顾是正确的，是他人生至关重要的转折点。

大学给了李朝阳一个优秀的平台，这里有指引方向的老师和拥有共同梦想的创业伙伴。在这个全新的地方，李朝阳非常注重实践，一旦有了想法，并且自己认为可行就勇敢去尝试，他在课余时间经常卖商品、找兼职。这些工作经验的积累为他今后的创业提供了很多思路，让他初步了解了一些行业的发展状况，为其之后做“内容电商”打下了坚实的基础。

不仅如此，在学校的培养和家庭的熏陶下，李朝阳逐渐形成了从“大处着眼”的大局观。在每一次对行业发展趋势进行评估的时候，他的布局总是提前于同行，大局观的关键性在这时候发挥得淋漓尽致。

谁说“书读不好就创业”？创业是不能不读书的。虽说创业就是把一个创新的想法付诸实践。但个中滋味，各种难处，只有经历过创业的人才能体会。如果把在学校学习的知识比喻成一个个独立呈现的点，那么在创业的过程中，尤其是在企业运营的过程中，则需要运营者具备将这些“点”连成“线”的能力，而穿插其中的就是实践能力和吃苦精神。

现在，李朝阳不管工作和学习多忙，每天也至少抽出一小时来读金融、管理相关的专业书籍，零碎时间就做碎片化阅读，以拓宽自己的知识面。不仅如此，他还经常到成都、杭州等地学习，参加由阿里巴巴集团组织的峰会或各种公司的战略合作会议，以开阔个人眼界。

任何一次小的尝试，都是为盖好梦想的大楼打地基。从小学租书给同学，到长大后写文章、剪视频、卖日用品等，李朝阳在每次小小的“创业实践”

中追寻构建更大的创业梦。

作为一个耐不住“寂寞”的人，他在大学期间除了学习之外，也把各类兼职都尝试了一遍。但与众不同的是，李朝阳会思考做这件事情的价值，并且分析如何才能将它的利益做到最大化。在每做完一件事情后，他也会进行总结和反思，也正是这些对不同经历的总结与反思奠定了他创业的基础。

如果说李朝阳的“不安分”给他带来了丰富的实践经验，那么善于思考和分析则让他走上了创业之路。“有一次我在一家网络平台找到一份兼职，为一些产品写文章、做视频推广，每个月花很少的时间便可以拿到5000元的报酬。于是我就开始思考，为什么人家愿意花钱投入在这上面?那我是否也可以创办一个这样的平台呢？”在发现商机后，李朝阳与老师交流这个想法，一经提出就得到了学院领导、老师的大力支持。

在经过查阅大量的资料并且和朋友讨论后，在学院的支持和老师的指导下，李朝阳和两三个同学一起筹备，在荣昌区创新发展中心创立了重庆潮尚互联网科技有限公司。

俗话说，巧妇难为无米之炊，从零资源出发的公司也寸步难行。即使创业项目得到学院和老师的支持，也无法改变其现状，这也是大多数大学生创业面临的首要问题。但是，对信念的执着将创造奇迹。没有钱，那就四个联合创始人先自掏腰包，东拼西凑了3万块钱，作为起始资金。李朝阳也将自己以个人达人身份的内容创作收入不断投入其中，同时与“青团社”展开合作。优质的服务，新颖的创意，稳定的产品输出，准时的产品交付，都为重庆潮尚互联网科技有限公司积累了口碑。从无到有，从点滴开始积累，公司从注册时的零起点，逐渐到线上写手体系的形成和业界小有名

气的口碑凝聚，李朝阳带领着团队向成功一步步地迈进。

创业三个月后，李朝阳又向成功迈出一大步——为合作方提供内容输出，项目总额 10 万元。只要拿下这个项目，就等于基本解决公司的“温饱问题”，公司就有持续发展的底气。因此，在与合作方进行谈判的过程中，李朝阳尤其用心。他带领团队天天熬夜查资料，分析项目优劣，不断地学习、改进。他说：“我们当时如饥似渴地看淘宝大学的视频，甚至去淘宝学院当学员，还买回一大堆书来学习，看别人是怎么做到最好的。”最后，功夫不负有心人，这笔生意谈成了。两个月后，项目完成后带来的盈利也解决了公司的资金问题。同时，他们通过优异的表现与合作方建立起长期合作关系，又一鼓作气和淘宝签约，入驻了淘宝达人 MCN 机构。

本以为在此之后一切就会顺风顺水的李朝阳，却遭到了现实的一拳重击，也让他深刻体会到了创业者不仅要有勇立潮头的锐意，更要有坚若磐石的毅力。公司于 2016 年年底入驻淘宝达人 MCN 机构后，首月的业绩表在淘宝官方机构排名表上赫然显示倒数第二。这无异于给创业之初的他们泼了一盆冷水，也打消了他们原本天真简单的想法。“打击特别大，”李朝阳回忆说，“但是我们很快在这种打击中重新站了起来，因为没有时间让我们去伤感与沉沦。我立刻带领团队去研究淘宝的这个评价体系的标准，找到左右考评结果的因素。最后我们发现，影响业绩的关键就在于数量和质量。”

团队运营的过程虽然痛苦，初创期的阶段性结果虽然残忍，却也让李朝阳更加清楚了公司的现状以及掣肘公司发展的因素，同时也让他更加明确了未来发展的方向。

李朝阳团队经过分析，发现公司最大的竞争优势就在于机构旗下拥有数量颇为可观的签约达人与自营达人。凭借优势，公司利用手中的达人账号资源迅速发展电商项目，让所属淘宝店铺获取大量来自淘宝达人的流量，采取达人为店铺引流的策略。事实证明，这是实现效益最大化的最佳手段。

此后，公司陆续签约新达人 100 多个，合作达人 500 余人，在提高质量和内容产出的基础上，李朝阳团队不断完善培训体系。截至 2017 年 3 月，公司在淘宝官方机构排名表上名列第二位。从波谷到波峰，李朝阳用了不到半年的时间。李朝阳还善于抓住商机并进行有效分析。在 2017 年“双十一”期间，商家反馈的有效内容点击量破百万，销售接近数十万单，李朝阳的推广方案为公司带来一百万盈利。8 个月创收 4912000 元人民币，利润率高达 75%，这是李朝阳团队艰苦奋斗的硕果，也是历经风雨的灿烂。

目前，在学校和学院的关怀与指导下，李朝阳面对市场需求不断调整公司的发展战略，使公司有了质的提高，在这短短的一年多的时间里取得了不小的成就，在开始创业的 8 个月内，公司盈利已达 500 万。与创业之初相比，公司创收增长近 250 倍，与此同时，他们的团队有了自己的办公场所，公司规模逐步扩大。

创业需依靠天时、地利、人和。乘着国家鼓励创新创业的东风，自媒体行业稳步发展，大部分自媒体平台具有更加专业化的分工，MCN 就是其中重要一环，而国内 MCN 行业尚处于发展初期，潜力巨大。腾讯“创业节”及企鹅号的“城市计划”，都把对 MCN 的扶持作为重点。淘宝在 2016 年年底开始了 MCN 机构服务平台的打造及整个产业的布局，并主办了淘宝达人 MCN 合作机构。

李朝阳的“潮尚”属内容电商企业，主营自媒体运营、店铺营销推广、品牌策划、红人店铺运营等业务。团队伴随着淘宝开放合作招募 MCN 机构的“风口”和相应出台的“MCN 优先开通渠道”“优先审核”“佣金分成”等扶持政策而成长发展壮大起来。“我庆幸生在了一个最好的时代——举国上下都鼓励双创的时代，更庆幸自己抓住了一个好的创业机遇。”李朝阳感慨道。据李朝阳透露，根据行业发展，公司未来的战略规划将结合新零售的趋势，打造“内容 + 电商 + 实体”的新零售模式。

未来，潮尚将以西南大学商贸学院和重庆北碚为中心，对标全网 TOP 级内容整合机构，立足西南，逐步辐射全国，打造内容综合孵化基地。围绕消费者与品牌方，利用粉丝互动、数据分析等方式提升消费者购物体验，同时促进商家优化服务，致力于打造商家与消费者的互促平台。

大学生是创业的主力军，在李朝阳的团队中有不少在校大学生，他们也跟着李朝阳在提升自身素养的同时摸索着创业的道路。潮尚公司现有全职员工 200 人左右（其中西南大学在校学生有 15 人），线上兼职写手

1000 ~ 2000 人。公司内容总监柳春泽、市场部总监胡向颖等均为西南大学商贸学院在校生，除此之外，团队成员还有来自重庆各大高校的学生。

截至目前，公司运作趋于稳定和规范，通过自媒体运营、淘宝店铺营销推广、品牌营销策划、红人 IP 打造以及小视频等多种热门新颖、最大化创造流量的方式，逐渐建立起了属于自己的信息数据网络、细分用户及消费者群体，能够精确引流。同时也在发展自己的电商，专门生产满足消费者需求的产品。

回想自己的创业历程，李朝阳谦虚地说道："目前各高校紧跟李克强总理提出的'大众创业，万众创新'的目标，掀起了一片大学生创新创业的热潮，而我们只是时代大潮中的幸运儿。"

创业感悟

作为创业者，每天都面临着各种各样意料之外的问题，每天都走在发现问题、解决问题的路上。于我而言，在创业过程中遇到的最困难的一件事发生在 2017 年年初的时候。

2017 年年初的时候，公司刚入驻淘宝 MCN 机构不久，在淘宝流量红利的浪潮下，公司很快实现了盈利。但我却担心在浪潮退去后，我们的核心竞争力到底是什么？那段时间我们几个创始人天天反复地讨论这个问题，愁得茶饭不思。2017 年 3 月，淘宝开始进行大改革，取消了针对 MCN 机构的 cps 补贴。这对于我们来说，无疑是一个晴天霹雳。因为 cps 补贴在我们营收里面占据不小的比重。所以这个时候我们更焦虑了，大家都开始思考我们公司第一次真正意义上的转型应该何去何从。

从 2016 年创业，我们赶上了最好的内容电商创业时代。带着红利，我们一路狂奔，但是始终没有形成自己的核心竞争力。所以当浪潮即将退去的时候，我们特别的惶恐。在经历了不知道多少个不眠之夜后，我意识到不能坐以待毙，应该找到自己的核心竞争力。所以在深思熟虑之后，我们几个创始人达成了共识：一是我们要坚持做有深度、有温度的内容，要让消费变得简单、直接、高效；二是我们现有的运营模式必须优化和改进。

在内容电商行业，最大的竞争力一定在内容端，且一定是最优质的内容。所以我们一定要不忘初心，坚持做有深度、有温度的内容，坚持为消费者带来最好的内容体验。我们之前的运营模式是线上编辑团队为我们提供内容输出。这种模式在初期能够快速扩张，但如今已不能满足我们的发展需求了。一是因为互联网发展迅猛，仅凭线上的模式无法做到实时沟通，导致时效性极差。二是我们的培训体系在线上无法完全建立，不能保证优质内容的输出。所以为了能够实现长期目标，我们毅然决然地做出了这个决定。

现在回想起来，正是因为我们当初居安思危，提前转型，才能在淘宝进行内容变革的浪潮里存活下来，而当时同期的很多机构、团队都已销声匿迹。这也警示我们，创业一定要做对消费者、对社会有益的事情，一定要不忘初心。同时，也需要不断地学习进步，不断地适应新的环境，只有找到自身的核心竞争力才能走得更远。

导师点评

影响创业能否成功的因素有很多，技术、团队、市场、运营，每一个都关系到创业项目的生死，而企业运营是大学生创业时较难突破的关键点。由于大学生自身的短板在于缺少社会经验和商业资源，在运营战略及战术上只能摸着石头过河，在不断地试错中，往往会丢掉了市场机会或错过最佳的时间节点。

李朝阳同学的成功，很大程度上取决于团队在初期快速试错之后，迅速找到了运营的战略方向，并且在运营战术上选择正确，突破了市场瓶颈，打开了一个大市场的窗口，为下一步发展奠定了较好的基础。

让我们看看李朝阳团队的运营之路。

最初，李朝阳自己独立创业于个人写手，小试牛刀后发现了内容输出的潜在市场，通过自己的个人组织能力，开始成立公司建团队。在这个节点上，下一步的发展方向有很多种可能，比如，基于写手的纯内容输出、基于项目合作的方式负责“内容 + 运营”等。当一个初创团队接到一个价值 10 万元的业务时，通常会在这个市场上依样画葫芦，希望用同样的模式去拓展更多的客户。

但李朝阳并没有简单地复制市场，而是敏锐地在内容这个大市场中发现了淘宝达人 MCN 机构这个细分赛道。这对创始人来说是个很重要的抉择。这意味着公司的运营战略有了新的定位，公司进入的赛道也不同了，所有的资源都将重新评估和组织。

既然是风口赛道，竞争当然是非常激烈的。对于还是新手的李朝阳团队来说，缺乏经验是初入 MCN 赛道表现不佳的客观原因。连基本的运营规则都还不懂的李朝阳团队，遇到挫折是理所当然的。但可贵的是，李朝阳选择了坚持既定的运营方向，深耕 MCN 不变。同时，李朝阳深刻剖析自身短板，并从自身优势调整运营战术。

作为大学生创业团队，其优势是什么呢？李朝阳团队经过分析，发现公司最大的竞争优势就在于“机构旗下拥有数量颇为可观的签约达人与自营达人”。虽然数量很重要，但质量却更加重要。

很多团队在面对数量和质量这两个难题时，通常难以抉择。这是初创企业在运营过程中常见的瓶颈。当公司签约达人达到近千人时，这个矛盾会更为突出。李朝阳深刻地认识到了这一点，加大了培训体系的投入，通过建立标准的培训体系和 IP 打造流程，将内容和 IP 产业化。由此，李朝阳团队在市场上开始如鱼得水。

回顾李朝阳的创业历程，我们可以看到，公司的运营战略和战术是动态的、发展的，不要从表面去看自身的优劣势，要动态地看市场机会和自身资源的匹配度，再确定运营战略，并围绕运营目标，调整优化适合自己团队的运营战术。

市场风云变幻，创业之路瞬息万变，大学生创业历程更是如履薄冰，希望更多像李朝阳这样的大学生基于需求发掘机会，结合自身优势确定运营战略，走上成功之路。

点评导师：重庆缀盟投资咨询有限公司总经理　谢东

不负青春，砥砺前行，坚守在创业路上

——记重庆医科大学 2012 级学生李帅

企业（团队）名称： 重庆哲汇文化传播有限公司

成立（创业）时间： 2016 年 6 月

业务范围： 健康管理职业培训和企业内训、中高考志愿填报咨询指导、医护人员职业指导和生涯规划咨询

创始人基本情况： 李帅，重庆医科大学生物医学工程专业

主要荣誉

2019 年获“重庆市大学生创业优秀人物”

创业历程

他，身上有“90 后”“共产党员”“学生干部”“创客”等标签，更是少有的在校期间就创办企业的“另类学生”，毕业后他和团队成员用 3 年时间致力于母婴健康管理领域的职业认证培训与咨询，并取得一定发展。他就是重庆医科大学五年制生物医学工程专业 2017 届本科毕业生，现任“重庆乐和宜融文化传播有限公司”总经理的李帅。现如今，创业小有成就的李帅，在回顾创业历程时一直坚持认为“公司并没有成功，只是还活着”，甚至把这一路的经历和经验归结为“只是在不断犯错后明白了一些基本商业规律和常识”。

上大学前的李帅并未表现出任何“商业天赋”，只是一个在父母、老师眼中听话的孩子，普通得不能再普通。李帅除了在高中阶段担任过学生会干部和班干部以外，也没什么特别的经历，那究竟是什么原因让他选择了创业，走上了“另类创业路”呢？据李帅回忆，他是在一堂课上受到了启发。在大一的“创业实务”选修课上，授课经验丰富且同时也是成功创业者的任课老师与同学们分享了他的创业历程，也介绍了许多国内外企业家奋斗、创业的经历，让李帅不由自主地对他们产生了敬仰，使得他也有了试一试的想法。同时，在学院外联部工作期间，他接触了各类公司和商家，在与他们交流、攀谈的过程中了解到不少商机和创业的一些常识。平时就爱看书、动脑筋的李帅，越发对商业活动产生了浓厚的兴趣。闲暇之时，他到图书馆潜心把《王永庆传》《史玉柱传》等近20位企业家传记研读了一遍，创业的种子在他心中开始萌芽。

在五年大学时光，他只做了“三件事”。

第一件事，做好学生干部，用心做人做事，服务同学。李帅由学生干事做起，从搬桌椅板凳、拉横幅、写新闻稿、做策划书、做PPT等小事情着手，始终以积极主动、认真负责的态度对待每件事，于是得到了老师、同学的认可，慢慢由干事被大家推选为校外联部部长、学院组织部部长和学院学生会主席。当被问起学生会工作带给他最大的影响时，他直言“学会了一点管理”。通过几年的磨炼，他慢慢明白事物不是非黑即白，还有融合了黑白而形成的灰色，他称之为“灰色管理”。他记得有几次，去班里检查纪律，发现有些同学没有在教室，他并没有像其他干部那样直接记过，而是选择了保留意见并询问原因，弄清原因后再对确实违反纪律的给予惩戒，这样既维护了制度，也杜绝了怨言。他说在后来的企业管理中也时常运用“灰色管理”，比如有些工作人员总是绞尽脑汁把生活和工作区别开来，非此即彼，反而更痛苦了，而运用“灰色”思想就豁然开朗，其实生活和工作总是有相融合之处。

第二件事，做生意，用行动去验证创业想法。从大二开始，李帅先后开了水果店、眼镜店、太阳伞专卖店，也合伙参与了餐饮店、手机店、驾校的经营。在经营过程中，曾面临一周都没一个顾客来光顾的窘境，也曾发生由于缺乏经验，没及时发现厂家发的残次品过多导致无法退货，因而不得不面临主管人员的百般刁难和嘲讽的经历，等等。回想起这一切，他却用坚定的语气说：“虽然很辛苦，但每天累完以后，躺在床上‘复盘’一天的收获就是最幸福的事，因为自己从未想过放弃。”市场的无情，不诚信的合作，一次次的自我否定又一次次的自我肯定，让他变得更加冷静稳重，以更积极的心态去接纳人和事。

第三件事，做实验，用坚持去实践科研精神。刚踏进大学时，作为新生的他就利用暑假时间参与学校生物医学工程学院杜永洪老师的创新实验课题，通过几年的坚持努力以第二作者先后在《临床超声医学杂志》等期刊上发表两篇科研论文，他所在的实验团队还参加了重庆市第一届大学生物理竞赛，并获得一等奖。当然没有什么事情会一帆风顺，尤其是科学实验。他坦言，科研经历使他养成了一种“极度求真”的风格和面对困难决不退缩、勇往直前的态度。

在做这“三件事”的过程中，李帅逐渐具备了作为创业者的基本素质和能力。

下定创业决心，选择合适的项目是每个创业者在创业路上遇到的第一个难题。李帅说，在创业和就业之间，他也纠结了近一年时间。经过反复权衡，最终使他下定决心于 2016 年 6 月投入 35 万元资金创办公司的主要因素有两个：一是对商业运营是真心喜爱，非常享受将创意付诸行动的这个过程；二是感到创业让生活更加充实，让人生更加有价值和意义。几年反复创业的经历使他具备了一定的能力和人脉基础，结合政府和学校的一系列扶持政策，让他的创业想法顺利落地，然而选择项目却是一个需要长期反复验证的过程。最初他选定了职业培训这个方向，目标是成为一家综合性“巨无霸式”公司。经过一年的实际运作，收入才几万元，公司到了倒闭的边缘，大家心灰意冷甚至想要放弃。失败让人冷静，经过反复讨论和理性分析，他发现在自身资源有限且外部市场竞争激烈的情况下，一家“想什么都做”的微型企业基本上没有生存空间。经此失败后，李帅及其团队重新审视公司的定位，不断细分市场，聚焦业务，最终锚定“母婴健康管理”方面的职业技能培训。他说：“重医拥有得天独厚的儿科医疗资源，且这个新领域尚未形成标准，利用优势集中力量先做好培训就很不错啦！”事实证明此次调整是明智的，精准定位后公司获得了一定的市场份额并度过了危机。

创业初期是最困难的，也是初创企业最容易夭折的阶段。李帅那时候经常失眠，无论何时何地都在思考企业生存的问题。与业务有关的人和事

都是放在首位，没时间回家，甚至连吃饭的时间都非常紧张。他感慨说："那时'团队合力'没有形成，团队成员的能力有所欠缺，很多事情需要亲力亲为。钱也总是不够用，需要通过市场回笼资金来支持，然而市场竞争激烈，我们公司又非常弱小！"那时候，他对团队成员讲得最多的话就是，大家始终要保持清醒、勇面现实，以品质和口碑取胜，坚守主营业务"聚焦、聚焦、再聚焦"的生存法则。

一谈及业务板块，李帅就两眼放光，兴奋地介绍道："人们对母婴服务（如月嫂）有持续的需求，年轻父母随着生活水准提高，需要更专业、更优质的咨询和服务。经过市场测试和多方论证，我认为母婴健康行业的核心是'人'，高水准的实体经济体必然离不开高水平的专业人才，而培养人才的机制则成了关键。"目前，李帅及其团队对已存在的职业培训学校进行了深度了解，毅然抛弃了传统以"考取资格证"为核心的经营战略，明确以技能为中心，提供实习见习环节并建设反馈的平台。他们不断地创新机制，依托重庆医科大学医学背景和资源，深度挖掘相关专家的知识经验后，汇编最新最全的培训手册，注重研发；采用"培训促进实体，实体反哺培训"的新模式，与各实体中心建立实训基地以提升学员经验和技能，也推荐优秀学员去合作单位就业，相辅相成。

对于一个初创企业而言，产品和服务是品质的保障，企业的运营就成了企业活下去的有力支撑。作为企业的创始人，李帅自有一套独特的运营理念。

在市场营销方面，他采取了"由点及面"的"逐渐规模化"的渗透策略，发挥"小而精"的优势，避免与行业内的领头企业正面竞争和冲突。

在业务发展方面，他采取了"单点突破"的模式，即做精一个业务板块再推行一个业务板块，集中人力物力财力于一个“点”，一个项目成功后再推第二个业务板块，由“点”到“线”再到“面”。他说企业就是一个生命体，都有固有的“生命周期”，都是由小到大逐渐发展壮大的，得挣到钱生存下来后再扩大发展。

在内部管理方面，他要求尽量标准化和流程化，要求员工养成记好工作日志的习惯，收支有记录，以便形成人力资源和财务上的制度化和规范化管理。对于初创企业而言，虽然时间成本和管理成本较高，但可以避免公司走偏。

在市场竞争方面，他让团队成员放手干，采取“结果导向”的激励机制，释放团队的创新潜能，不被任何事物所限制。

在股权结构设计方面，他采取了合伙人制度，坚持“能者持股”的机制，预留“股权池”，从而吸引更多能人进入公司，并激发更多优秀骨干员工做好准备。

从企业初创至今，李帅带领团队成员已经走过了 4 个春秋，但他们从不认为自己成功了，只是认为辛勤和努力没有白费。做大做强当然好，然则做好做精似乎更符合这群年轻人的价值观。他们都相信胜利在不远处，还有更美的“风景”在未来的创业路上。

李帅带领的团队年轻且有活力，对未来充满信心。他计划再用 3 ~ 5 年的时间，将公司培训板块的业务做到名列重庆市前茅，年培训人数力争达 3000 人。他们更是力争于 2020 年建设“婴幼儿健康管理”中心，开展骨龄测试、特殊儿保、视力纠正、中医小儿推拿等项目，不断探索可复制运营模式，发展成“小而精”的具有核心竞争力的企业。他们会始终以“母婴幼儿健康管理践行者”为公司愿景和目标，脚踏实地，为健康中国添砖加瓦！

创业感悟

创业带给我的体会就是要多实践、多经历，并在这个过程中调整自己。对于创业之前的各种社会实践，都为我后来的企业运营、团队管理等方面积累了丰富的经验。我相信没有白吃的苦，更不会有白受的累。

当企业逐渐走上正轨后，团队成员曾问我，我坚守的经营理念，例如“规范化管理”“工作日志记录”“诚信经营”等从何而来。我认为这都是基本的商业规律和企业伦理，以及作为一个企业创始人应该坚守的底线。在这个时代，创业氛围浓厚、创业政策丰富、资讯发达、交流频繁，因此规范管理、诚信经营就是创业者需要坚持并执行的，少一些浮躁和“小聪明”式的概念创新。我是经历过创业失败而后进行“换赛道”创业的，按照现在流行的说法，就是“连续创业者”。我现在特别感谢第一年的创业危机，在那之后我在企业运营上花了很多时间去学习、研究，我认识到两点：一是要从知识体系上完善自己的认知，从那一年开始至今，我阅读了100多本关于市场营销、人力资源、财务等方面的书籍，将所学灵活运用于管理企业；二是要学会“多提问”，企业的运营和管理永远是一个动态问题，没有最优解，只有不断优化使企业适应市场的选择。

在机制或模式上，现在通过实践证明有效的，以后不一定就是正确的。为此，我经常参加路演，通过资深评委和投资人的提问、批判和质疑，来调整企业的方向，不断完善现有的企业制度和优化管理模式。

总之，创业没有尽头，开始了就得持续向前。这是一个不断磨炼心智，不断提升能力，不断“升维”视野和格局的过程，很艰辛，但却很值得。

导师点评

不同行业、不同企业的运营管理千差万别，但按照“第一性原理”，又有规律可循。案例中的李帅是一个连续创业者，在学校就经历了无数个行业的创业实践，有消费行业、现代服务业、电商行业等，用自己的亲身体会，积攒了很多对运营管理的直觉感官经验，这也为他后来的成功创业，带去了丰富的实战经验。同时，他又是一个善于思考和总结的人，经常进行“复盘”，于是有了对运营管理的一些自有思考和主见。

说到“运营管理”，其实就是把整个创业企业或者创业项目看成一个自洽的逻辑系统，在这个闭环中如何通过战略规划，到驱动执行，再到改进实施，从而实现这个闭环的螺旋式上升的过程。

简单来说，运营管理包括八个方面的内容：战略导向控制、运营过程规划、运营资源配置、运营过程管控、运营机制完善、运营有效监测、运营问题诊断、运营水平改善。

从案例中李帅的运营管理来看，从第一次创业的失败经历中，首先复盘的是战略导向问题，这就为第二次成功创业奠定了良好的基础。第一次创业，他和团队打算做一家什么都能做的综合型“巨无霸式”培训机构，后来可怜的收入以及处于无以为继的崩盘边缘的现状让他痛定思痛，在结合市场调研的基础上，锚定“母婴健康管理”培训。随后，在运营过程规划中，又分别基于对“母婴健康管理”行业进行具体的梳理后，对“标准化”和“流程化”进行了制度化建设及要求，使得原本比较涣散的团队，一下子提升了运营能力。

同时，在对企业未来发展的时间节点进行综合布控后，把有限的资源进行了合理配置，得出了“单点突破”，由“点”到“线”再到“面”的运营策略。这使企业没有因为业务量的增加而盲目扩张，很好地按照自己的节奏与市场需求同步成长。

在企业逐渐发展和壮大的过程中，李帅也是有意识地进行了运营过程监控和运营问题诊断，并不断地进行运营水平完善，例如在激发企业员工的潜能方面，最终形成以“结果导向”的制度；在股权设计方面，采用了预留“股权池”的方法。

运营管理是一套系统方法，放在不同的行业、不同的企业里有不同的运作方式。但万变不离其宗，有这套方法论去指导实践，就一定能找到适合本企业的具体运营方案。牢记运营管理的八个板块的内容，并运用到实际的企业管理中，进一步增强企业的外部防御力和内部生产力，以保证企业“活下去”且“活得更好”！

点评导师：四川外国语大学　张雪松

创业案例

破茧成蝶，振翅高飞

——记重庆师范大学 2013 级学生张江

企业（团队）名称： 重庆市武隆区张江生猪养殖场

成立（创业）时间： 2016 年 8 月

业务范围： 商品猪养殖、母猪育种繁殖、仔猪销售

创始人基本情况： 张江，重庆师范大学汉语言文学秘书学专业

主要荣誉

2018 年获评重庆市第一期“优创优帮”大学生创业扶持计划优秀项目

2017 年入选重庆市第一期“优创优帮”大学生创业扶持计划

创业历程

对于成功的花儿，人们只惊艳于它们现时的明艳，而当初的芽儿浸透着伤心的泪泉，洒满了酸楚的血泪。正如冰心先生曾谆谆教诲我们，成功必然经历一段沉潜，其中免不了内心的矛盾挣扎，摆脱不掉挫折中的郁结于心。还好，在每一个机遇与挑战中他都选择了坚持，在每一个打击后他都不曾想过放弃，凭借着对自己的信心，伴着不辞辛苦的奋进精神，他坚定地走上了创业道路。他就是重庆师范大学汉语言文学秘书学专业 2013 级学生张江。当我们和他谈到创业经历时，让我印象最深的是他对目标的明确，以及对所做选择的坚定，还有那永远充满激情的灵魂。

张江从小生活在小山村里，条件艰苦，但家庭的温暖却给予了他很大的支持。张江从小立志要走出小山村，到外面的世界走走看看。看着父母为了自己能够安然完成学业早出晚归的身影，他更加坚定了目标——走出山村去读大学，改善家庭困境。命运从不会辜负努力的人，不断地勤学苦练，终于换回了理想大学的录取通知书，艰难的求学之路也磨炼了张江吃苦耐劳、坚韧忍耐的品质。因为尝到了学习带来的甜头，进入大学后的张江，依旧保持着巨大的学习激情，每天都沿着自己规划的道路而奋进着。

除了学习，他还积极参与学校的创新创业活动，获得了一系列的奖项。同时，在此期间不断积累经验，完善了创业计划书。命运或许喜欢考验人，经得起考验的人总是少数，而经受住考验的人也能得到常人所不能得。大二期间，一场变故不幸地降临在了这个不堪重负的家庭，从小陪伴着张江长大的奶奶生了重病，母亲也在这期间病了，照顾家人与生活费、学费的负担全部都落在了张江父亲一人身上。危机也意味着转机，为了减轻家庭重担，张江第一次萌生了想要依靠自己的力量赚取生活费的想法。最开始，因为没有更多的资源，他尝试着做一些机械的发传单工作。在这种机械重复的工作中，他体会到了钱的来之不易，而这样的赚钱方式根本无法真正解决当时紧急的生活问题，因此他开始思考怎样做才能够养活自己，才能让原本就不堪一击的家庭渡过难关，才能够给操劳的父母些许安慰。于是，将平时积攒的创新创业知识运用实践的想法在他心中应运而生。

最终，张江把首次创业的方向和目标确定在了养殖业。下定决心养猪，主要基于他从小生长在农村，对养殖有了一定的了解。于是，张江选择在一个周末，买了一张火车票，用 22 小时的时间只身前往江苏徐州准备引进猪仔，正式开始自己的创业计划，充满能量地迎接不可知的挑战。

任何人要创业，首先要面对的就是资金问题，张江也不例外。但就自身家庭环境而言，开口向家里筹措启动资金不现实，只好另求他途。尝试了种种方法之后，他最后决定向亲戚朋友借钱，作为最初的资金。有了起始资金还远远不够，钱不能解决一切问题，一个创业项目要成功，受着方方面面因素的影响，一个初创企业要活下来，追求利润并考虑如何实现利润最大化，就是创业初期创业者要考虑的问题。张江心里明白，“开弓没有回头箭”，“既然选择了远方便只顾风雨兼程”，必须全力以赴才能对得起亲友们的信任和父母的鼓励与支持。

除此之外，为了使创业项目有旺盛的生命力，充分的市场调研也不可缺。张江利用现代互联网技术带来的便利，通过数据收集与实地调研了解了详细的市场供需情况。一个好的项目，仅靠激情作支撑是远远不够的。

竞争的激烈和残酷，还给创业者自身的综合素养提出了非常高的要求，然而张江在创业前的各项准备中，都渐渐地表现出了创业者应该具备的良好品质。他谦虚谨慎、脚踏实地、务实求真、考虑长远，在项目构建期间就把自己的项目定位为“以生态化养殖”为中心，突出“可持续发展”。众所周知，农村的生猪养殖模式普遍采取的是粗放式模式，如何做到与众不同，打造自己的核心竞争力，把生猪养殖做得更精细、更生态、更绿色、更环保就成了张江经常琢磨的问题。张江结合前人的经验和实际情况，潜心琢磨出了实现绿色生产养殖可持续发展，延长产业价值链，最后实现总体产品产值增加的模式。

张江的专业是秘书学，毕业后回到老家养殖生猪必然会有阻碍。无论是专业知识方面还是周围人的有色眼光，对他来说都是创业初期的障碍。但所幸父母对他做的选择都全力支持。为了让他的创业路更加平坦，父亲靠自学成为兽医，母亲从一开始就帮助他管理养殖场。父母的参与，使他少了顾虑，多了信心。

进入这个养殖圈的张江用挫折和坚持验证了行业里的这句话，“一年赚，一年亏，一年平”，也明白了一个创业项目的成功，关键要以市场为导向而进行适时的调节。2017 年的冬天，张江还是以一样的步伐、一样的心态来到自己辛苦搭建的养殖基地，眼前的一幕却将原本平静的张江带入了悲伤的境地——一群群冷冰冰的小猪尸体躺在精心清理的圈舍。然而悲伤并没有持续占据他的内心，理智让他迅速振作起来，赶紧找到问题发生的原因，让存活的小猪不重蹈覆辙，尽量降低损失率，才是目前应该做的。

经过分析，最大的原因可能是天气持续降温，加之通透的圈舍也大风漫灌，小猪仔的抵抗力有限，无法抵抗突如其来的寒冷侵袭而生病，前几天小猪连续的腹泻就让他看到了一些苗头，但没有及时采取有效措施。另外一个造成损失的原因，就是没有做好消毒工作。如果说第一个因素是不太可控的自然因素的话，第二个因素就是管理上的漏洞。这次不大不小的损失给张江上了深刻的一课，要想创业成功，天天都是修行，一刻都不能放松。于是，他开始加强圈舍的消毒工作，实行圈舍每日消毒，加强外来人员进出管理并形成严格的管理制度，对圈舍情况进行有效的卫生监管。同时，根据猪仔生长情况进行实时监测，改变喂养方式。

个人的能力毕竟有限，一次性发现那么多问题，要及时处理和解决就需要依靠外界的帮助。谦虚求教的张江还善于整合各种能够利用的资源，他依靠区畜牧局的政策支持，邀请工作人员对猪场进行技术指导；同时，他依托乡兽疫站的资源，为猪场提供药物防治，让经历过的挫败都尽可能不再发生，“亡羊补牢，未为晚矣”。

张江在猪仔的喂养中既注重规模扩大化，同时也更加关注存活率。兼顾市场行情需求的同时也建立起自己的发展节奏：当行情好的时候，选择精养，淘汰品质较差的猪仔，不因行情而盲目扩张；当行情差的时候，增加后备母猪，多生仔猪，等待第二年好行情。

就这样，一天天，一月月，一年年，靠摸索打拼出来的生猪养殖渐渐步入正轨，“稳扎稳打、见招拆招”的张江，也开始思索着制定未来的发展规划：延长价值链，做肉制品；扩大规模，增扩圈舍至 40 余间；引进发酵床技术，实现无害化无污染绿色养殖，粪便尿液自动分解。

看着自己的初创企业从无到有，从小到大，张江丝毫没有放松对自己的要求，因为他知道，养殖业这个领域不可控因素太多，前面还有太多未知的挑战在等待着他，每一个阶段都不可掉以轻心。

从一个人，到上阵父子兵，再到组织团队一起发展，养殖事业如火如荼地进行着，张江有了更充沛的时间和精力思考多元化发展的问题。2018 年 12 月，机缘巧合，他开始接触房地产行业，并嗅到了商机。他结合之前创业的经验，从市场调研、信息搜集、数据分析开始，一步一步地论证：在全中国有七千多家德佑房产，从事房地产中介服务正当时。2019 年 2 月，他以公司名义加盟德佑房产，现如今，公司规模虽不大，但已经为 9 人提供了就业岗位。结合行业要求和规范，张江决定加强规范化管理，年底再开一家分店……

没有破茧成蝶的痛，哪有振翅高飞的美。张江收获了成绩，但也付出了辛劳，看见的彩虹都源于经历的风雨，在此期间的所有经历无一不在催

促他奋进、思索、突破。纵然如深海一般的创业探索起伏不定，但未来之舵已然紧握在张江自己手中，等待更快更远的扬帆远航。

创业感悟

作为连续创业者，我一直在这条并不轻松的创业路上颠簸，有些感悟想与大家分享。

首先，创业者要有十分强烈的创业动机。于我而言，第一次创业的动机源于“活下去”的生存所需，突如其来的家庭变故，要求我必须扛起家庭的经济重担，于是“只能赢，不能输”的创业动机，让我无论遇到什么问题，都告诉自己绝对不能轻言放弃。

其次，创业者需利用各种信息整合资源，分析项目前景，明确创业方向。无论是第一个创业项目的选择，还是第二个创业项目的选择，我都对市场需求和我能够使用的身边资源做了详细的分析。有些所谓的“痛点”，看似是十足的创业机会，但其实对于创业者本人而言实则无效。因为创业者本人没有相关的资源，根本无法实现创业。所以，对于白手起家的创业者而言，做足市场调研，拿到尽可能多的信息，下足分析数据的功夫就是选择项目成功的关键。

再者，在创业过程中，创业者要把身心和精力投入到每一个运营的环节中。注重细节，每一个细节都隐藏着无数危机。切勿让千里之堤，溃于蚁穴。在我第一次创业中，猪仔存活率低，让自己损失不小，就是因为没有注意到一些细节，耽误了止损的最佳时机。

最后，在小有成就后，创业者也要依然保持初心，众人加之而不怒，猝然临之而不惊。一言以蔽之，用成熟的心态去处理一切问题。

导师点评

养殖业与农业一样，在市场经济环境变化的催生下，其生产结构和产业模式也在发生巨大的改变。养殖业的整合过程受经营理念、消费水平提升速度的限制，随行业利润周期时缓时急，但必须承认的是，养殖业的规模化进程、产业化经营趋势日趋明显。

在创业者张江的首次创业经历中，我们看到了一个创业者选择养殖业的初始勇气来源于“经验”，我们在为这份难得的初心和勇气感动时，同时也会担忧经验主义对于现代养殖业而言，如果稍有偏颇，便会成为企业良性发展的阻碍因素。但是，我们欣喜地看到，创业者做了充分的市场调研，利用各种信息整合资源，分析项目前景，明确了创业方向。而市场调查，是认识市场的基本方法，是克服经营管理主观主义的一个重要手段，且有利于营销者了解市场供求状况，结合一系列行业数据分析，进行正确的营销决策，进而提高企业的经营管理水平。

有了方向，有了目标，对整个运营环节的把控便决定了经营目标是否能达成。同为创业者，我在自己创业的农业领域里，也经历了最初的跌跌撞撞，以为只要战略方向正确，就一定会快速出成果。但是如果没有正确合理的目标管理，从销售、计划、生产到售后服务，每个环节都将是影响企业经营的关键因素。我们看到创业者张江通过摸索，总结出了适合企业发展的管理方法。由于养殖业面对的是活的动物，不是机器，所以在管理过程中要照顾到动物的情感，照顾到动物的福利，这样才会有更大的产出与收益。但是管理的最终还是人，所以这就要求高层管理者有这方面的经验与指引能力，基层人员有足够的执行力与耐心。细节决定成败，有多么科学有效的投入，就有多么实际可观的产出！

无论各行各业，在市场的宏观环境下，企业的经营管理终将是企业的核心竞争力。从战略规划、市场洞察、产品开发、产品设计、采购供应、生产制造、产品配送到售后服务，需要形成一套完整的价值链。一通百通，正如创业者张江，从养殖业到房地产业，只要坚定地以市场为导向，有一套适合自己企业发展的经营管理方法，并不断总结与纠偏，调整与优化，相信无论经过多少经济冲击与行业洗牌，都会把未来牢牢掌握在自己手中！

点评导师：重庆海集农业开发有限公司董事长　李伟

情牵美疆，助力家乡

——记重庆交通大学 2015 级学生努尔麦麦提・斯伊提

企业（团队）名称： 重庆交通大学阿尔斯兰团队

成立（创业）时间： 2016 年 7 月

业务范围： 特色农产品、快消品销售

创始人基本情况： 努尔麦麦提・斯伊提，重庆交通大学机械设计与制造工程专业

主要荣誉

2019 年获“重庆市大学生创业优秀人物”

2019 年获重庆市首届“大创慧谷杯”大学生创新创业大赛铜奖

2018 年获重庆交通大学“年度大学生创业人物”

2018 年获第四届中国“互联网 +”大学生创新创业大赛重庆赛区选拔赛银奖

2018 年入选重庆市第二期“优创优帮”大学生创业扶持计划

2017 年获重庆市第六届大学生创新创业大赛二等奖

重要媒体采访、报道

2019 年 6 月 27 日，中国交通报报道《麦麦提：坚持不懈创立“宜拉达”品牌》

2019 年 3 月 30 日，上游新闻、大渝网、腾讯网等多家媒体报道《重庆交大学生创业卖家乡特产 喜提近 20 万月销量》

2017 年 7 月，受邀参加重庆广播电台《创投有道》栏目专访报道

创业历程

从新疆农村走出来的努尔麦麦提，从小就经历着周围的亲戚朋友生产出大量农副产品，却因为缺少销售渠道而滞销的困境。本来产品大丰收了，老乡们却依然高兴不起来，因为他们在为产品的销路而发愁。于是，努尔麦麦提一直怀揣着一个梦想：帮助老乡们把生产出来的农副产品卖出去，

以自己的方式回报家乡，弘扬家乡特产文化。家乡正是他创业梦想开始萌芽的地方，带着家乡情上路，助力家乡农副产品和土特产对外销售，为老乡纾困，造福家乡。

最开始，努尔麦麦提主要做新疆特色农副产品的零售以及一些小规模批发，因为在重庆既没有人脉也没有资源，所以创业初期，他在学校里靠摆摊做新疆土特产生意。学校里的同学以及校友们陆陆续续地购买，口口相传。就这样经过一段时间之后，随着客源不断增多，品牌逐渐树立，销量慢慢增大，努尔麦麦提开始思考通过淘宝平台和微信平台搭建自己的网络营销平台。于是，他开起了自己的淘宝店铺和微店。经过一个多月的尝试，努尔麦麦提认为效益还不错，就找了几个志同道合的同学组了团队一起创业。

当团队渐渐扩大后，团队成员们协商着要扩大规模，只有扩大规模，收益才会有突破性增长。于是，他们实地调研了学校附近的一个农贸城，想通过农贸城固有的销售商作为中间商，自己只负责向新疆的老乡收货，然后把货品发给农贸城的中间商，再批量销售出去。2B 到 2C 的战略转型，让他们无比热血和激动，接着他们开展了一系列的推广活动。但也就在这个时候遇到了一些问题，他们最初的宣传方式就是去附近的农贸城发传单，找商户一个一个加微信建群，可是却鲜有人信任这几个大学生，怕上当受骗。团队的人也意识到虽然在学校发展得还不错，但是因为他们的身份就是学生，在同学们的共同帮助和推广下，取得校内的客户相对来说比较容易。可是要让校外身经百战的商家认可却难得多，要使他们完全信任自己的产品，就要给他们充足的理由。

这是他们创业过程中遇到的第一个瓶颈，团队内部商讨后也实在找不到最好的解决方法。于是，努尔麦麦提去找学校创业园区的指导老师交流学习，指导老师在听他细细讲述了自己目前工作中的困难后，建议他去注册一家公司，以公司的名义来进行交易，这样就有了在工商注册的合法企业，有了合法资质的“信任背书”，要获得合作商家的信任就容易些了。

就这样，在 2016 年 7 月，努尔麦麦提带领团队成立了重庆阿尔斯兰电子商务有限公司。这是一家利用互联网销售各种产品的电商公司。虽然以销售家乡的农副土特产品起家，但从公司的可持续发展考虑，努尔麦麦

提注册公司时扩大了经营范围：预包装食品、电子产品、办公用品、工艺礼品、日用百货、针织纺品以及汽车配件等。果然，有了正规的营业执照后，公司成功发展了不少固定客户，经过不断地诚信经营和口碑扩散，公司也逐步成为超市以及其他经销商的指定供货商。在这个阶段，努尔麦麦提的团队成员从 5 个发展到了十几个，每月的营业额也达到了 5 万 ~ 8 万元。

批发零售的生意初见成效，既让努尔麦麦提尝到了创业的甜头，积累了一些资金，也促使他萌发了第二个创业的想法——继续围绕家乡特色创业。学校周围并没有新疆特色餐厅，如果开一家这样的餐厅一定极具优势。经过三个多月的筹备，极具新疆特色的“美侬餐厅”于 2016 年的秋季开学之际正式开业了。努尔麦麦提原打算在假期把餐厅经营模式调理顺当，开学后，就能把重心回归学业，做到学习创业两不误。但现实情况却不尽如人意，由于理念观点的不同，创业团队的成员来了又走，常有更替。努尔麦麦提要花费很多的课余时间在招募队员、宣传自己的创业宗旨等一系列烦琐的事务上，所以每天 5 小时不到的睡眠时间对努尔麦麦提来讲是家常便饭。幸而即便辛苦，努尔麦麦提也享受着这个努力的过程，同时公司也在他的用心经营下不断发展和壮大。

在 2017 年 10 月之前，重庆阿尔斯兰电子商务有限公司的主营业务都是新疆特产，季度营业额达到十几万。直到 2017 年暑假，公司又迎来了进一步发展的契机。

2017 年 7 月中旬，努尔麦麦提在重庆与一家电子商务公司和另外几家批发商、经销商协商后确定合作销售哈密瓜。原以为有了之前一年多的特产销售经验，这次的合作会容易很多，但现实情况远比想象的复杂：最初他们采购的是哈密瓜，可当地的采购团队到吐鲁番后才发现那里的瓜果已经成熟了，根本来不及再花三天三夜运到重庆。为此，他们当即决定把哈密瓜换成更适合长距离运输的伽师瓜——伽师瓜保存时间比哈密瓜要长一星期左右，当伽师瓜在新疆本地八成熟的时候进行采摘，随后装车运往重庆。

然而解决了采购的问题，新的问题又源源不断地出现。比如运输距离比较长，路上不可控因素很多，有时一半的瓜都烂在了路上。而且即便到了重庆，怎样把这么多的新疆瓜果在坏掉之前卖出去也是团队遇到的难题。因大量囤货而产生的管理成本、人工成本、场地费也是不少的一笔开支。迟一天将瓜卖出去，就多一天的成本和费用。好在之前他们已经积累了一些固定客源，所以整体来看销售情况还是不错——20 天的时间里，公司总共销售了 500 多吨伽师瓜，总营业额达到了 130 多万元。这一笔收入，便成了努尔麦麦提开启新的大项目，实现公司转型发展的一大资金基础。

有了稳定的资金和团队基础，在老师的指导建议下，努尔麦麦提想要创立自己的品牌。在 2017 年 10 月之前，公司团队仅仅是在做特产销售，其本质就是在赚取差价，没有自己的核心竞争力。所以他想要创立一个品牌，然后一辈子为它努力。

这时，努尔麦麦提把目光锁定在了家乡的坚果巴旦木上。巴旦木营养价值高，并且在新疆特产中的销量也稳居前列。努尔麦麦提的家乡莎车县就盛产巴旦木，不过那里的巴旦木因为销售渠道的原因一直没有得到大规模的销售，农户都是分散式的个体经营，十分需要一个比较整合的销售途径。经过分析，努尔麦麦提选择以巴旦木作为品牌下的拳头产品，不仅有货源的优势，还能为家乡巴旦木的销售提供一些帮助。这也是他创业梦想的最终目的：以销售新疆特产带动家乡发展。

为了把巴旦木这样一个坚果品类变为更贴近人们生活的“刚需”产品，努尔麦麦提想到了把巴旦木与牛奶相结合的方法，做一款巴旦木植物牛奶——而这，恰是当时饮品市场里的空缺。有了做巴旦木植物牛奶的想法后，因为在包装策划、员工工资上需要很大的开支，公司便进入了融资阶段。刚开始为了拿到融资，努尔麦麦提跑遍了整个重庆地区几乎所有的路演活动和各个大大小小的投资机构，来回奔波了半个多月才逐渐筹集到了一部分资金。2017 年 10 月，他们和一个食品行业的研发团队合作，对产品进行定位、调味、策划、包装。

首先，确定了自创品牌的名字“宜拉达”，在维吾尔语中意为“决心、意志”，它不仅仅是一个品牌，更是努尔麦麦提的创业态度和理念。

其次，对拳头产品“宜拉达”巴旦木植物牛奶进行了定位。这是一款健康绿色的饮品，具有保健作用，十分契合时下“全民皆养生”的热潮，打“保健牌”，走“养生路”，就是产品的基本定位。作出以上定位，是基于对巴旦木本身的营养成分进行深入分析后得出的，并为了配合接下来的品牌宣传和推广，最终将产品特点锁定为：减肥、护肤、保护心脏、有利于维护肠道健康。

最后，对牛奶的口味进行调配。为了迎合大众口味，在一起合作的食品行业研发团队的耐心协助下，前后一共调整了 6 次，才最终确定“宜拉达”巴旦木植物牛奶的口味。

目前，努尔麦麦提的“宜拉达”项目已经成功融资 98 万元，同时实现了将新疆莎车县作为原材料供应产地的目标。自 2018 年 10 月正式面向市场后，“宜拉达”生产线预计每年可以为莎车县消耗 12 万 ~ 16 万吨巴旦木，并且努尔麦麦提正在促成与当地政府和一些农民合作社的合作，后续根据销量变化，每年的巴旦木消耗量可能将提高至 30 万 ~ 40 万吨，占莎车县巴旦木年产量的一半左右，有效整合了莎车县的巴旦木销售渠道。

目前“宜拉达”巴旦木植物奶已经正式面向市场 6 个月，预计每月生产两个批次，每次 6 ~ 8 吨，在重庆地区的销量能够达到每月 5 ~ 12 吨，月营业额 18 万 ~ 20 万元，同时重庆阿尔斯兰商务有限公司现在的市场估值也达到了 1000 万。

接下来努尔麦麦提还将继续为“宜拉达”奔波努力——与莎车县展开更加密切的原材料供应合作，继续开发广东和河南地区的消费市场，并且在五年后开辟全国市场。

努尔麦麦提带着发展家乡的梦想踏上创业之路，虽然历经艰辛，但却逐渐圆梦。对于每个创业者而言，都有让梦想之舟在创业的汪洋中乘风破浪，朝着成功的方向扬帆远航的理想。

创业感悟

我的创业很偶然，最开始的想法很简单，就是想通过自己的努力把家乡的特色农副产品带给更多的人。没有经验，没有人脉，更没有帮手，完全靠自己白手起家，努力打拼。所幸在这个过程中，得到了学校和老师的帮助。

学校为我们提供了免费的办公场所，配备了专业的指导老师，为我们对接了融资渠道、投资人、企业品牌顾问等很多的社会资源，还带领我们参加了不少商业活动来增加公司的影响力。创业导师还在他的平台上发布我们公司的抖音作品，为品牌引流，很大程度提高了阿尔斯兰品牌的知名度。同时，我也通过参加 2017 年重庆高校双创文化节，带领团队参加第四届中国“互联网 +”大学生创新创业大赛、校赛、决赛等活动来打响公司名声，扩大公司的影响力。不放过任何一个提高品牌曝光度的机会，大胆去尝试，放手去搏，这也是我创业几年来收获的一些体会。

在和创业导师、天使投资人、创业大赛评委、品牌策划师等专业人士的接触过程中，我深深明白创业的难，不仅难在自身能力需要不断提升，不断学习，更多的难，难在每天都会有新的问题出现，需要及时去面对和解决，而在这个过程中，需要各种专业资源的支持和协助。

作为创始人，除了要扛起很多责任，还需要不断地根据市场情况调整自己的战略，以及调整与之相匹配的运营方式和商业模式。

“宜拉达”巴旦木植物牛奶的诞生，并非从一开始就生长在我的脑海里，而是复盘一次次创业实践，再一次次整合资源，调整发展目标，在持续创业过程中诞生的。而定下这个品牌的名字，也是因为想通过品牌表达自己坚定不移的创业态度，创业就是两个字——坚持。

努尔麦麦提·斯伊提的创业是分阶段实施、波浪式推进的，紧扣自己创业的初衷“帮助老乡们把生产出来的农副产品卖出去，以自己的方式回报家乡，弘扬家乡特产文化”，沿着自身资源、人脉、才干、

商情的脉络在付诸实践，一步一个台阶地推陈出新、产业升级，是当代大学生创新创业时由浅入深、不屈不挠、不懈奋斗，更敢于跳出校园内熟悉商圈，直面校外陌生市场竞争的一个典型案例。

在校园摆摊零售—淘宝网店、微店—注册公司、电商批零这一起步阶段是典型的交易型互联网模式，以赚取商品差价为主要盈利来源，此时创业者努尔麦麦提·斯伊提主要围绕以下三点在做运营：（1）交易结构相对简单且标准化，易于通过线上完成。（2）商品和相关数据没有严格的保密要求，交易各方不抵触，多聚焦在性价比上。（3）行业效率低下，上游想高效出货，下游想高效进货/消费。

努尔麦麦提·斯伊提开办新疆特色餐厅是一种跨行业的创业实践，也是多元化经营的试错。好在创业者及时回归主营业务，到原产地采购、直供下游、单一品类、大宗交易，开始搭建稳定的供应链关系，实施第二阶段转型。从广泛简易的地方特产销售竞争中脱离出来，利用信息差、地域差、辨识差异发挥自身优势，从伽师瓜单一水果品类的组织采购、运输、销售方面突破，增强议价能力和利润率。在这个过程中要考虑以订单农业、原产地溯源、产品全流程监测追踪等方式来化解风险、提升竞争力。

第三阶段转型是努尔麦麦提·斯伊提自创“宜拉达”巴旦木植物牛奶饮品，开始向上下两端产业链做纵深渗透，将传统休闲食品（初加工农副产品）做深加工，尝试产供销一体化发展，从农副产品流通领域向快速消费品领域发展，全新自创饮品品牌。这是一场跨度很大的转型，风险较大，极具挑战性，对创业者的管理和领导能力、资金、人才、技术、渠道、生产、品牌宣传等提出了更高的要求。需要创业者有敢打敢拼敢为天下先的勇气和大毅力，也需要创业者对风险有更高的警惕性，志向可高远，做事要更脚踏实地。此时创业者可重点关注产业链数据化、交易及服务终端布局、流量入口建设这三个方面来带领企业转型突围，实现 Pervasiveness（无处不在）、Preference（心中首选）、Price to Value（物有所值）。

希望当代大学生创业者用自己的诚实劳动和智慧才干为社会创造财富、为自己打造美好人生！

点评导师：华浦南瑞科技重庆有限公司创始人/CEO　向正勇

新媒体创业达人

——记重庆文理学院2014级学生刘启名

企业（团队）名称：重庆丙图网络科技有限公司

成立（创业）时间：2018年6月

业务范围：计算机领域内的技术开发转让及咨询服务，计算机网络工程施工、软件开发及维护，影视节目制作及广告设计

创始人基本情况：刘启名，重庆文理学院旅游管理与服务教育专业

主要荣誉

2018 年获重庆文理学院首届“大学生十大创新创业人物”

重要媒体采访、报道

《当代党员》2020 年第 6 期刊登《重庆文理学院：厚植创业沃土，铺筑“雏鸟”圆梦之路》

创业历程

刘启名创业至今已有 5 年，可他才 25 岁。在他人眼里，他少年有成，事业顺风顺水，发展迅猛。实际上，刘启名说：“我的创业之路并不容易，我不敢对自己正在做的事情有一丝一毫的掉以轻心。要知道，时代要想淘汰你，回头连声再见都不会说。”

刘启名从一开始的创业项目——新媒体行业，用文字内容起步，一路披荆斩棘，不断转型，不断突破，迅速扩张，最终稳定局面，坐稳了自己的创业项目——“直播带货”。

闯入新媒体圈子，是时代潮流的推动，使刘启名成为其中的弄潮儿。从被动接受到大胆尝试，在新媒体的圈子中，他激发出自身强大的潜能。

作为一名文科生，他对文字表达能够产生的效果感知更加细腻，也就是我们说的共情和共鸣。同时，他还善于观察和总结用户习惯。成为创作者之后，他并不满足于当一名看到什么便说什么的“愤青”，那样只会得到少许的“粉丝”。他选择采用“上帝视角”——这是用户思维的关键因素，通过了解用户喜欢什么，崇尚什么，在自己的文章内抛出内容抓手，揪住了用户的心理。

从大咖媒体号中学来的经验，他化为己用。任何一个套路都是可以常用常新的，这也是他思维灵活的地方。对待用户认真，才能获得用户的回报。

当新媒体行业的内容创作者呈现指数型增长的时候，他的想法也随之转化。他明白，单靠自己一双手，一个脑袋，几个微信公众号，根本无法拼接出真正的事业版图。还在上学的他，在重庆文理学院大学生孵化园成立了自己第一个工作室。“单打独斗”不过瘾，三人成团后，文字内容生产力大大提高。在他的新媒体矩阵积累了更大量级的用户群后，不到半年，他的团队变成一个初具规模的内容军队，人数达到 25 人。

随着对用户的理解的不断加深，刘启名对新媒体的发展有了更加深刻的认知。如果只是停留于文字表面而创作，对于个人而言，或许能够成为一个“饭碗”，但对于他来说，他要的不仅仅是一个“饭碗”。转型为创业者，就要想办法在夹缝中破土而出，发展壮大。然而，创业忌讳的是停滞，是站在光环下看不到周围的黑暗，一个不小心就会被吞噬、淹没，他不能只守着那点可能逐渐暗淡的光去走完全程。

在 2017 年开春后不久，关于新媒体的红利期已经过去，新媒体将迅速衰落的声音不绝于耳，直到 2020 年的今天，依旧有人在不断鼓吹这个论调。但好笑的是，这种声音虽然向来是折灭悲观者希望的火把，却也是点燃乐观者的长明灯。

新媒体的文字内容创作，确实不能带来巨大的利益，而短视频作为新兴事物，又有多少竞争者在蠢蠢欲动。他撇开几年来积攒的文字创作心得，从文字创作者的角度跳脱出来，转战“短视频”市场。

转型也给团队带来阵痛，然而为了长久的发展，他开启大刀阔斧的改革，将工作室变成公司，并将文字内容创作时期的用户思维套用到短视频创作中，建立 MCN 矩阵，这又是一次漂亮的面对内容行业短暂寒潮的反击。

经历一个春秋的轮回，刘启名的事业变成开展短视频达人孵化、直播、广告业务，火力全开。

抓得住市场的命脉，摸得透用户的心理，加上他因势利导，从 2016 年至今，他始终比同龄人跑快了一步，这一步也是最关键的一步。周围人对他的印象就是果断敢拼，胆大心细，尤其让人惊艳的是他独到的眼光，以及思考问题的时候从多角度寻找问题的突破点，这是他能够让自己团队一而再，再而三地从困境中全身而退的独门秘籍。

2016 年曾被誉为“直播元年”，然而那年的直播，多是以娱乐搞怪为主，且停留在电脑端。直到“抖音”横空出世，原本只是在屏幕后作秀的人们才意识到，原来短视频不仅仅可以用来“秀”，还可以用来“带”。直播带货的热潮一下子席卷了全国，全民皆主播的局面一发不可收拾。渠道和平台的爆发式增长让资源的供需方相见的机会变得更多。

刘启名很快嗅到了商机，2019 年 3 月，不甘于等待的他让旗下一名短视频达人贾运鑫也尝试启用“直播带货”模式。没想到，他与贾运鑫卖出了 80000 斤苹果，小试牛刀的第一局竟然首战告捷。他掂量了手里的团队分量，不容懈怠地重新进行了谋划。

初期，他一直在思考，直播带货要带的“货”应该是持久供给而又有

品质保障的。这是作为一个企业的良心，再者，企业做好自己的同时，是否还能为社会其他地区或行业赋能，让其价值最大化呢?

受到第一场直播苹果的启发，加上创业这些年他走南闯北的所见所闻，他明白，企业的生存与繁荣离不开政策支持，还要立足于普通民众。要体现一个企业的价值，不仅仅是自己账面上滚动的数字，更重要的是带动贫困地区，将边远地区盈余的资源充分利用，帮助那里的人们过上小康生活。

于是，他在短时间内迅速组建直播电商团队，签约大量“三农”达人，主营生鲜、农副产品的线上销售。经过充分准备，2019 年 6 月，他与团队开展 " 直播带货 " 扶贫活动，帮助农民带货，一时间传为坊间美谈。

他是当今大学生创业者的一个缩影，不怕经历洗牌，越挫越勇，只有这样他才能在变幻莫测的互联网时代中立足。

创业感悟

直到今天，我一直都在创业的路上摸索。没有谁是天生的创业能手，没有资金，没有人脉，没有渠道，只能靠自己一路摸爬滚打地走来。

从大学接触新媒体以来，我一步步摸索，从最简单的文字编辑学起。印象深刻的是从事自媒体的第一个月，每天写稿到凌晨。忙碌了整整一个月，结果只拿到 300 块，连一个月的伙食费都不够。于是说服自己，一切才刚开始，只能尽力学习。从大咖媒体号里面汲取经验，把自己变成“海绵”，不断吸收，不断学习，不断生产。到第四个月时，我的收入比一开始翻了 30 倍不止。

而这背后并不仅仅只是命运给我递了橄榄枝，我知道，是我这个“笨小孩”，已经在摸索中将自己修炼成能打能扛的段子手。

希望让人产生更多的想法，我开始“集结队伍”，正式将自己的工作室推入正轨。

自我修炼会让一个人变得更好，但创业需要带动更多的人为了理想变得更好。在创业之后，我不能光顾着自我修炼，我还得知道如何带动自己创建的团队去修炼。我和我的团队并肩作战，将自己的梦想孵化出雏形，精心呵护它，期盼有一天在蓝天见到它的雄姿。在项目遇到瓶颈时，我的警惕和不故步自封拯救了我。在最艰难的时候，我果断将文字内容创作转型为直播团队，最终让我们的团队化险为夷。

团队转型蜕变，运营也是任重道远。想要继续在竞争激烈的直播行业生存下去，身为 leader 的我不敢停止思考。作为一个“95 后”，我还很年轻，要学习的东西依旧很多。5G 时代已经到来，这一行业永远在更新，永远不缺创新者。作为一名创业者，我仍需保持一贯的清醒和理智，加深对现有用户的了解，加强对潜在用户的挖掘，戳中用户的痛点，才能在激烈的市场竞争中越走越好。

导师点评

新媒体的热潮涌来，许多人将其视为蓝海，网上盛传一句话：站在风口上，猪都能起飞。然而实际上，在大浪淘沙的背景下，并不是所有人一头猛扎进去就能获得自己想要的，任何新事物的发展都有其发展、更新迭代、衰亡的过程，不懂变通，走进死胡同的，最终都会被淘汰。

刘启名在创业初期小有成就却依旧保持警醒，是创业者该有的心态。他从白手起家到最终将自己的事业稳定下来，有时候除了顺势而为，更多是他没有故步自封，大胆对自己的业务和团队都进行了及时的调整。其中有两条准则，一是窥见未来市场的动态，因势利导；二是逆向思维，创新模式。

首先，窥见未来市场的动态，因势利导。刘启名创业初期走的是自媒体方向，以文字内容创作为主。对于文字爱好者而言，喜闻乐见，新媒体的红利期，写什么东西都有人看。等到后面，标题党多了，内容灌水重样的多了，读者见怪不怪，看到文章都不想点进去。更遗憾的是出现“劣币驱逐良币”的情况，把部分优质内容创作者逼到了绝路。刘启名做得好的地方在于，同样是内容创作，他将用户群体的喜好分析到位，抓住用户思维，不断深耕，散布内容抓手，将用户拽在自己手里。内容得到广泛认可时，他已成功了许多，初见因势利导的功力。等到文字内容已经不吃香的时候，他又根据时势的变化，转为用直播带动用户，从文字内容的桎梏里脱离出来，走向康庄大道。

其次，逆向思维，创新模式。对于直播，尤其是年轻人玩耍的直播，普通创业者针对年轻人都是以潮、鲜、香，主攻吃喝玩乐的模式。刘启名却另辟蹊径，想到用为都市的人们呈递农民伯伯劳动成果的模式来连接供需方。既满足年轻人对产品的需求，又解决了农民的燃眉之急，还扭转了团队发展的形态，更重要的是符合国家扶贫政策，实现四方获利。

在创业之路上，除了能够想到，还得做到，执行力和资源整合是创业者必不可少的能力。再者是创业者的心态和格局，刘启名目前的项目，其目的并不只是起到直播带货这一功能。在未来，还有很大的产业生态空间等着他去挖掘，抑或说，目前的运作是在为他以后打造产业生态链做好充分的储能。

点评导师：重庆工程学院　王建东

一切源自坚持和努力

——记重庆工程学院 2014 级学生谢林超

企业（团队）名称：慧海新软科技（成都）有限公司

成立（创业）时间：2018 年 3 月

业务范围：智慧政务、智慧教育、计算机系统集成服务

创始人基本情况：谢林超，重庆工程学院软件工程专业

主要荣誉

2018 年入选重庆市第二期“优创优帮”大学生创业扶持计划

重要媒体采访、报道

2019 年 5 月，中国教育在线报道《仨月亏损 2 万到半年盈利超 30 万　坚持努力是他的“捷径”——记重庆工程学院 2014 级创业大学生谢林超》

创业历程

身穿白色衬衣、黑色西服，隔着电脑屏幕抬头露出了稍显拘谨、羞涩的微笑，初见谢林超，完全无法将他与两家公司负责人的身份联系在一起，但谈起自己的创业经历以及公司的发展规划，他的眼睛里就露出了自信的光芒。他说：“坚持和努力让他一步步接近了最初的梦想。”

大一期间，在丝毫不耽误学业的前提下，谢林超几乎听遍了学校组织的各种创业讲座，也参与了学校举办的创业活动和学习课程，并多次参加校外的创业学习和培训。这些学习经历让他在接受专业知识、创业知识的同时，萌生并坚定了创业的信念。

2015 年 9 月，刚升入大二的谢林超在学校宣传栏看到了重庆市第五届大学生创新创业大赛的宣传海报，唤起了他内心一直蠢蠢欲动的创业梦想。他向学校负责创新创业工作的老师咨询了解此次比赛的规则后，立马与有同样想法的 3 名同学组队备战。

在学校老师的指导下，他们决定结合自身专业特色，策划开发运营一款可以让招聘者与应聘者在线聊天的 APP。从创业项目计划书编写到创业项目 PPT 撰写，再到比赛答辩，4 个人下足功夫在项目特色上打造亮点，实现突破，希望可以通过比赛获得奖金或者投资作为启动资金，实现自己的创业梦。

入围校级比赛时，评委们连连发问“推广资金预算多少？如何获取？”“产品的盈利点在哪儿？”一连串犀利的问题让谢林超真正理解到，创业远没有想象的那么简单。运行一款 APP，项目可靠的技术支撑在哪里？资金从哪里获取？市场怎么开拓？团队如何管理？……诸多问题，他们还未准备好，没有思考制订可行的解决方案。

虽然此次参赛以失败告终，但谢林超意识到，一个人是无法完成创业这个复杂过程的，只有满腔热情和想法而没有一个真正可以执行创业团队也是不可行的。但备战此次创新创业大赛的过程让谢林超对创业有了清晰的认识，也让他坚信创业是自己喜欢并愿意付出时间和精力的事情。

有了第一次“出师未捷身先死”的创业比赛经历和经验，谢林超在大学生创新创业比赛结束后，不断坚持寻找一批有能力有热情的创业伙伴，希望能够组建一支专业的创业团队，继续自己未完成的创业梦。

大四上学期，虽然已经拿到东软、灵狐科技等公司的 offer，谢林超依旧选择坚持创业的想法。他与大学班长以及一位技术能力优秀的朋友组成核心团队，想要基于微信公众号开发一套网上商城，专门针对在校大学生提供线上水果购买及线下配送的平台。基于对市场的简单调研和分析，他们认为可行，有想法就开干。他说服一个朋友投资 1 万元，加上自己的兼职收入和一学期的生活费，准备了 2 万元作为启动资金。

2017 年 11 月，重庆市启动了“优创优帮”大学生创业扶持计划，带着这次创业想法、项目策划以及前期准备，谢林超又去参赛了，希望通过比赛获得更多关注和支持。十分欣喜的是此次项目入围了市级 50 强。团队三人通宵熬夜准备 BP 和 PPT，专家评委们针对这次的项目，提了很多问题，包括“这个模式很普遍，容易被复制，如何竞争？”“如何推广，增加市场渗透力？”等问题，由于前期准备不充分，最终他们此次参赛止步于此。

但抱着对自己团队技术、启动资金和运营的信心，他们认为这个项目一定可行，即便遇到问题也可以解决。他们召集了十几名同学，对线上和线下的分工做了明确分配，有采购，有销售，有配送。“这一次我们是准备好了，铁了心要干，就算比赛失败了，我们还是把项目启动起来。”谢林超讲道，“也特别感谢学校领导和老师对我们的鼓励和帮助，学校的支持让我们更快更全面地启动了前期工作。”

2017 年 12 月 24 日，他们开发的微信商城水果购买配送平台正式上线运营。每天凌晨，几个人开着从二手市场买来的面包车去水果市场采购水果，白天守着电脑屏幕接订单，一有订单就欢喜激动地送过去。虽然订单量不大，但谢林超感觉自己在建设运营一个超级项目，能做成全重庆乃至全国的大平台，是一项非常伟大的事业。

“理想很丰满，现实很骨感”，创业道路确实不好走，由于对学校市场的预估不准确，且没有相关的运营经验，并坚持走高端水果路线，刚坚持了 3 个月，2 万元启动资金就全部亏损了。高端路线在学校不合适，线上平台卖普通水果又竞争不过学校周边长期经营的水果摊，第二次创业就这么失败了。

尽管高校水果电商做失败了，谢林超还是坚持思考如何寻找新的创业方向。他总结发现，虽然水果卖得不好，但是他们开发的微信商城平台在内容建设、客户管理、整合资源等方面还是有可圈可点的成绩，这也为他第三次创业打下了基础。

2018 年 3 月，从第二次创业的经验和教训中走出来，谢林超带着对团队技术和开发实力的自信，重新召集 4 名合伙人组建团队，转型做软件开发，并注册了“慧海新软”商标，寓意在智慧的海洋里学习、创造新时代的软件，开始了软件开发的第三次创业之路。

作为一家新生软件公司，5 位未毕业的大学生面临着诸多难题。在哪里办公司？手续怎么办？怎样才能合法合规？谢林超将创业情况告诉了学校创新创业园的老师，在老师的指导和协助下，他们顺利办理了各项运营手续。

因为没有成熟的技术储备，没有商业项目开发、管理经验，开发流程不规范，效率低，没有产品案例展示，拓展客户渠道十分艰难。但是公司要运行，员工要生活，谢林超带着策划和方案与各投资方谈了将近两个月，终于说服一位潮汕老板投资 10 万元，解决了公司当时的现金流危机。5 个人带着坚持努力的热情和想法，满怀信心到处找项目，亏本做项目，积累经验，开拓市场。

“那时候心里总想着努力吧，下一个项目就能赚钱了，下下个项目就能把规模做大了。”谢林超抿嘴笑着说，“公司开张两个多月，在跑遍了重庆十几个区县后，我们终于接到了为奉节旅游网提供技术解决方案的项目，也是第一个赚钱的项目，努力的人总不会被辜负。”

接到奉节旅游网项目后，团队成员立马组成项目小组，做出了初步的项目分析报告，上午编写编译代码，下午在会议室里，讨论模块、接口、实现等问题，不断测试、联合调试，完善解决方案，最终高效、高质量通过项目验收，顺利完成项目的开发任务。“特别感谢学校为我们雪中送炭。当时在技术开发上遇到了瓶颈，第一反应就是联系学校。”谢林超特别感动，学校领导亲自打电话联系专业老师，为这个创业新手请来了技术指导。

他们继续扩大团队规模，拓展业务渠道，获得了更多的客户资源和项目订单，至此，公司一步步走上正轨。一年来，他们为包括重庆本土龙头物流——协通物流等几十家企业、大渡口区政府等事业单位提供了软件技术方案和软件产品。2018 年 12 月 26 日，怀着更大的期望与梦想，谢林超团队在成都成立了慧海新软科技（成都）有限公司的独立分公司，在 4 个多月的时间内，团队为成华区纪检委、武侯实验小学、成都浩睿商务有限公司、重庆裕城·长江著等多家单位提供了技术服务。两家公司的营业收入将近 400 万元。

“政府和高校都十分重视创新创业，有不少优惠政策，还有各种创新创业的比赛，给予像我这样的在校大学生许多创业的机会。”一路走来，谢林超心怀感激。他得到了来自政府、学校等多方面的大力支持。借助学校和重庆市各大创新创业比赛，他结识了不少创业“领路人”和“搭桥人”。

未来难预知，但为了梦想，谢林超带着团队正用自己的方式去践行青春的诺言。

创业感悟

“理想很丰满，现实很骨感。”我的三次创业历程遇到的问题和大部分大学生创业者遇到的问题是一致的，就是资金、管理和市场三大问题，如何突破？不管你的创业项目是基于什么产品或者什么服务，这些都是必答题。

关于资金问题。

2018 年在学校靠朋友投资加自己的兼职费用解决初期资金投入。但 3 个月就亏完 2 万元，赚来的 5000 元也亏了。第一个软件项目谈定后开始转型做软件，做软件的时候，向家里拿了 7000 元买了两台台式电脑，自己用旧笔记本，做完第一个项目又找了其他项目，项目进账基本能满足公司开销。

第二次资金危机是人员达到 12 人的时候，现金流不足以支撑工资、房租、拓展商机的费用。所幸说服潮汕老板投资 10 万元，解决了第二次资金危机。

遭遇 2019 年资金危机是由于成都分公司人更多，业务更大，危机就更大，且项目回款慢导致现金流中断。通过项目吸引了两笔投资共 20 万，解决了 2019 年的资金危机。

关于管理问题。

缺少规范的管理流程，缺少职务分工和岗位分析体系。新聘的员工对自己的权责搞不清楚，不能同心协力配合其他员工全力完成项目。在考核上缺乏激励机制，缺乏考核和量化的标准，常常由个人主观判断，没有公平、公正、公开，因此没有监控、激励等作用，反而因为流于形式而导致员工不满意。

在福利待遇制度上，我们的观念是“员工是一种成本”，而且更多关注的是公司内部的平衡，因此，我们提供的薪酬福利往往缺乏外部竞争性，导致员工没有积极性和进取心。

关于市场问题。

前期全靠在一品威客、猪八戒平台找项目，和一些在淘宝做软件的商家在合作，他们在淘宝接单，再给我们，转手次数较多，最后拿到的钱很少，没有利润，开发的项目也是很小的项目，费用从几百元到几千元，且开发周期较久，对程序员造成很多困扰。

以客户为本。在两个平台上接的业务做到精益求精，客户相互介绍也多起来了。最重要的是自己在外面不断寻找资源，有机会就到外面跑业务，争取和客户建立信任关系。见的客户多了，慢慢就积累了能够给我们带来直接效益的客户，公司在经历重要转折时也全靠这些客户提供的资源。我的总结就是，业务型创业公司，那就是拼命跑业务，机遇就藏在其中。

以上三个创业过程中的必答题，看似是三个孤立的问题，其实是相互关联、相互影响、相互联动的问题，因此我在处理公司发展过程中遇到的问题时，坚持系统思考，科学谋划，寻找每一个突破点，通过不断的努力，才使两家公司的营业收入将近 400 万元，也逐步走上了正轨。

导师点评

谢林超同学的创业之路具有很强的代表性，大学生创业之初，普遍面临技术门槛低、市场渠道窄、管理能力弱等系列问题。同时，其经历在大学生创新创业中也具有典型意义，生动诠释了大学生创业的法宝，即三个坚持：坚持与专业挂钩，坚持与市场接轨，坚持与团队同行。

坚持与专业挂钩。先有“观世界”，然后才能形成正确的“世界观”，用专业为创业项目注入可持续发展的灵魂。任何创业项目的成功，都离不开其创新性和独特性，这就要求创业者多做广泛而深入的调研，并充分挖掘潜力，用自身所长去整合创新要素资源，不断促使项目更加“值钱”，而不一定是“有钱”。谢林超同学从大二开始不断尝试，从吸纳创业知识、组建项目团队、参加创业大赛、求助创业导师，屡战屡败，屡败屡战，终于在逆境中突围，体现了经历即是成长的青春主题，在创业过程中不断提高人生的阈值。

坚持与市场接轨。在经济新形势下，企业最头疼的问题是天花板越来越低、地板越来越高、生存空间越来越小。这一现象对大学生项目尤为显著。这就要求创业者做精准的产品画像和客户画像，唯有剖析客户痛点、抓住市场，方能在夹缝中求得生存。再简单的一个产品都需要一套解决方案，一套好的解决方案 =1 个痛点 +2 个难点，找准了痛点，理清了难点，创业便成功了一半。谢林超同学的招聘 APP 项目、微信商城水果购买配送平台项目、慧海新软项目，就是一个不断试探市场反应、不断进行精准画像的过程。

坚持与团队同行。好的项目一定是好的团队集全体智慧的结晶。用事业吸引人、用文化凝聚人，团队建设永远是创业者不可逾越的鸿沟。大学生创业项目往往处于探索阶段，团队成员具有很大的流动性，这就要求创业者树立宏远的发展目标，并在不同的发展阶段匹配适宜的团队成员。有了事业发展的制高点，才能有组织、有目的、有计划地去实施，并不断接近目标。谢林超同学注意到了充分借助学校老师、创业导师等外部脑力资源，是非常优秀的。下一步仍需加强对内部团队的建设，充分应用好物质激励、目标激励、情感激励和氛围激励，使自己的目标成为所有人的共同目标。

路遥在《平凡的世界》中写道：“不要怕苦难，如果能深刻地理解苦难，苦难就会给人带来崇高感。”每一个成功创业者的背后，都会有一段令人心酸的曲折故事。这种曲折和艰辛，源于梦想的追求，奋斗的执着，也源于青春的情怀。创业路上没有坦途，唯有经受压力和曲折之后的回甘。青春的梦想，坚持，再坚持，总会越来越接近的。

点评导师：重庆育成发展公司总经理，重庆科技创投领军人才，重庆高新区科协主席，重庆孵化器协会副理事长，重庆工商大学金融专业硕士事业导师　蒋学军

创建高校餐饮第一品牌——北木南

——记重庆大学城市科技学院 2012 级学生李长志

企业（团队）名称：成都北木南餐饮管理有限公司

成立（创业）时间：2016 年 12 月

业务范围：餐饮、企业管理、贸易

创始人基本情况：李长志，重庆大学城市科技学院工程造价专业

主要荣誉

2019 年获第五届中国“互联网 +”大学生创新创业大赛铜奖

2019 年获第五届中国“互联网 +”大学生创新创业大赛重庆赛区选拔赛金奖

重要媒体采访、报道

2019 年 5 月 19 日，新浪网报道《城科人登上〈创业中国人〉，还记得那个充满青春回忆的“北木南”吗？》

2019 年 4 月 13 日，李长志受邀参加《创业中国人》栏目

创业历程

“90 后大学生成功创业”“校园餐饮品牌第一人”“南北融合系烤肉创始人”，这些都是李长志身上的标签。李长志 2016 年创办北木南至今，已在全国布点近 200 家店，覆盖超 500 所高校，链接学生近千万，北木南烤肉和酒已成为名副其实的高校餐饮第一品牌，曾多次登上网易新闻、凤凰网等媒体头版。

从普通大学生到拥有数百家加盟店的品牌创始人李长志，在大学时期就凸显出了卓越的商业创造能力。摆地摊、开小卖部、开驾校……短短两年，他就从一个单打独斗的创业先锋，成为组团建队的创业负责人。在这期间，

李长志积累了不少的资源和经验，成为现在事业的助推器。

李长志心里一直有个小目标：开个属于大学生的餐饮店。然而想开一家餐饮店并没有那么容易，家境并不富裕的李长志几乎借遍了所有亲朋好友才凑齐开店所需的资金，北木南首店就这么靠着一点一点地“众筹”正式开张营业了。为了给食客们提供更好的美味佳肴，来自烤肉之乡齐齐哈尔的李长志，对北木南烤肉的火候、味道的追求更加极致，李长志走遍了大江南北，几乎尝遍了全国各个地区的特色烧烤，最终才有了他想呈现给食客的北木南。

北方之火候，南方之味道。首创南北融合系烤肉的李长志不光在烤肉上将地域距离拉近，还为“各路吃货”攒齐了快一个中国的好味道。齐齐哈尔的牛肉、东北的酸菜、新疆的奶啤、贵州的辣椒面、四川宜宾的包浆豆腐，这些各地区的特色食材、菜品不光让食客的味蕾得到了极致享受，也让在外求学的学子们感受到家的温暖与贴心。

如何才能开起更多的北木南呢？李长志结合自身的创业经历，决定带动更多的大学生投身到大众创业的浪潮中。从那之后，每家烤肉店，李长志都贴了他亲笔写下的拥有“毕业不迷茫，学长带你闯”口号的海报，很多忠实的学生食客，在耳濡目染下，自然而然地转化成了分店老板，成为北木南集团的一分子。

有一位叫刘必照的大学生，毕业前常常和同学们在北木南聚餐，毕业后加入了北木南开店，尝试了创业成功的喜悦后，现在已经带着全家人在成都、重庆、广州、自贡等地开了 7 家店了。通过这样的方式，也就有了李长志的第一批“合作伙伴”。

餐饮业竞争异常惨烈，李长志一开始就知道，要真正跑出餐饮这个圈子并不容易，找准自己的着力赛道非常关键。经过李长志和创始团队多次研讨，最终决定以餐厅为起点，将北木南打造成有别于传统餐厅的集社交、休闲、娱乐于一体的面向大学生的烤肉品牌，目标作为高校餐饮第一品牌而进行全新运作模式的尝试。

李长志表示：“我们大部分加盟店均开在高校附近，不仅能够依托高校的人流量和高校学生饮食需求快速获得大量人气，同时每个店的自建社

群更是将社群经济带入了高校餐饮圈。高校学生广泛且不交叉的传播圈，让餐厅能够在最短时间，最大幅度地提高餐厅以及品牌的知名度和影响力。"

北木南的主要消费群体精准定位于在校大学生、教职工以及学校周边住户，这样的细分市场也让北木南规避了大部分竞争激烈的餐饮圈。同时，独特的社交属性，也让北木南有了强有力的竞争点。打卡、交友都已经成为北木南烤肉和酒的鲜明标签。作为校园餐饮网红品牌，学生粉丝自发在微博、微信、抖音上奔走相告，热情传播，甚至粉丝自弹自唱发布于网易云音乐的同名歌曲《北木南》，其评论数超过 2000 条、点赞数过万。精准定位，深挖品牌竞争力让北木南越走越远、越走越稳。

有了北木南的成功，李长志已经掌握了一套较为成熟的高校餐饮运营模式，为更大范围占领高校餐饮市场，他快速孵化了多个新品牌投放市场，"涵渤妈妈花胶鸡""王半签速烤串串"一比一复刻了北木南模式，在各大高校周边迅速铺开，同样也获得了不错的反响。高校餐饮品牌爆发力进一步显现，更让李长志与其团队坚信在这一块蓝图里可以做的事情还有太多太多。

李长志说，在高校创业，情怀真的很重要，绝对不是说说而已。做烤肉店是因为自己喜欢烤肉，愿意花时间琢磨产品，同时也懂得高校学生想要怎样的一家店。认真把控菜品质量、口味与不断自我迭代，他希望未来将分店和加盟店开遍中国市场，做到“2000 所大学，就有 2000 个北木南系”的校园餐饮品牌矩阵，链接千万大学生，将餐厅打造成年轻人喜欢的文化一隅，成为高校中有较大影响力的一线品牌。

创业感悟

在很多人看来，创业做老板是一件很荣耀的事情。然而当创业刚刚开始的时候，并非坦途。缺人缺钱缺经验，我也常常为此发愁，经常整夜焦虑不睡觉，白头发都长了一片。

创业初期缺钱，我厚着脸皮到处借钱筹款。亲戚凑、朋友凑、同学凑、志同道合的创业者凑，憋着一口气，就想把这件事情干成。向大家有条有理地讲梦想、讲规划、讲操作步骤，因此很多人相信我能成，我才硬生生地把第一家烤肉店开了起来。

缺产品，哪里去找适合同学们的便宜又好吃的食材呢？寻过菜市场，暗访过网红美食，飞到了烤肉之乡齐齐哈尔，吃遍了20多家烤肉店，顿顿吃，吃得大家都“闻肉色变”了。但也因此练就了一身好功夫，几个以前不识五谷的大男生，都会买菜、会认肉、会砍价了，知道“市场行情”了。

缺营销合伙人？稀释股份。我成功整合了成都传媒集团的一位主编，让她带着丰富的媒体及人脉资源加入了我的公司，让北木南驶入快车道。

缺开店合作伙伴？从消费者里挖掘。这个项目非常适合大学生创业，很多忠实的食客学生，在耳濡目染下，自然而然地转化成了分店老板。

在竞争日益激烈的餐饮行业，想要脱颖而出就要做网红品牌，但这里面却存在很多坑。根据前期开店的经验，我和团队认为只要把控好菜品质量和口味，并坚持不断自我迭代的求新精神，就能创造属于自己的餐饮江湖。

导师点评

烤肉，是餐饮行业里近些年增长比较快的品类，也广受大学生和多数年轻人喜欢。特别需要注意的是，在此次新冠疫情结束后，恢复得最好的餐饮品类就是烤肉与火锅。“北木南”从这个品类切入大学生餐饮消费市场，是一个非常好的选择。此品类相对而言，无论是产品研发技术，还是日常运营管理水平，要求都不是太高，可操作性较强，容易标准化，也容易复制，因此在这个品类里面能够产生较大规模的品牌。

本创业项目在产品定位上，整合南北消费差异，博采众长，打造受更广泛的消费群体喜欢的烤肉品牌。这样更容易从本来偏小众的品类中找到更大的目标消费群，是非常有利的，也是非常聪明的做法，值得鼓励。

该项目创始人，做事决心与执行力都很好，体现了一定的创业天赋。特别是在整合身边资源来拓展市场方面做得不错，在短短时间内开出 7 家门店，这在大学生创业中很不容易。

但需要提醒的是，在整合资源的同时，需要在股权的设置，合作伙伴的责、权、利方面做更多的规划。特别是门店股权的分配、品牌股权的分配，这是创业项目很容易忽视的问题，却对创业最终的结果有着决定性的影响。该项目目前还处在创业初期，有足够的时间来做好清晰有效的规划。从而可以从容驾驭身边的资源，让每一分子都为企业的成长贡献正面能量，而不是掣肘。

在团队的组织架构、奖惩激励上仍需完善，特别是在企业扩张的时候，有效的团队培训与学习，也是非常必要的，这方面还有待加强。

本创业项目在创业的经营方面，也有一些亮点，突出表现在营销方面。对于创来者来说，市场一直是最重要的课题，也是最难攻克的一环。若创业项目没有足够收入，就说明它没有得到社会的认可，也就没有任何价值。“北木南”从第一个店开始，就能迅速打开市场做到赢利，并稳定拓展出了七个门店，其在销售市场的相关努力，相对于传统的餐饮企业，是明显有一些创新的。特别是结合在高校附近开店的一些特殊情况，利用互联网去做线上推广，从而以最小的付出获得较大的市场回报。

在市场调查方面，该项目也做了充分的准备工作。餐饮是一个又苦又累的行业，创始人能在供应链方面通过自己的辛勤付出，找到属于企业最合理的原材料与货源，能有这样吃苦耐劳的精神是非常难得的。

“北木南”创业团队想要打造高校餐饮矩阵，多品牌、多品类发展，就需要量力而行、深思熟虑。创业初期，最好聚焦一点，专心做一个项目，把精力集中在烤肉项目上为佳，少即是多。

开发的项目太多，很容易出现供应链复杂，团队管理能力失控，品牌风尚化等不良后果。否则，企业在可持续性、成长性上，会有很大的风险。

另外，在商业模型、盈利模式（成本管控）上，需要多花精力打磨，找到项目的市场竞争力与普适性。只有完成了从 0 到 1 的打造，才有可能完成从 1 到 N 的复制与扩张。

点评导师：九锅一堂联合创始人　周建军

别怕失败，成功不是说说而已

——记重庆机电职业技术大学 2012 级学生　杨静

企业（团队）名称：重庆链脉网络科技有限公司

成立（创业）时间：2016 年 12 月

业务范围：计算机网络技术开发、技术服务，网络平台服务，企业管理咨询

创始人基本情况：杨静，重庆机电职业技术大学机电一体化专业

重要媒体采访、报道

2020 年 4 月 21 日，中国网《全国首创链脉主播答疑直播间正式上线》

2018 年 10 月 30 日，央广网《节能环保 电子名片制作日益盛行》

2018 年 7 月 2 日，重庆网络广播电视台报道《企业家庭爱国活动在重庆成功举办》

创业历程

初入大学的杨静性格比较内向，为了改变自己，他主动报名参加学校团委的工作。经过几年的锻炼，胆小羞涩的小伙子变得开朗主动了，也有了一定的组织协调能力和自主能动性。2010 年，在一次学校活动上，听了陈润阳老师的演讲，他深受触动和启发。其中有一句话，深刻地印在了他的脑海之中：不要用自己的时间见证别人的成长和梦想成真。他开始更主动、更大胆地参加更多实践活动，通过不懈努力，成为外联部部长。在一次校园活动中，他成功拉取赞助，成为校园移动主管，带领一百多人的团队。此外，他还在校外摆地摊、创办街舞社等，丰富的校园实践活动打开了他的思维，为他之后的创业奠定了最坚实的基础。

离开学校的那年，杨静并没有直接开始创业，而是和许多大学生一样，顺着毕业就业的大潮流，选择了自己最喜爱的教育培训行业做销售工作，一做就是 4 年。在这四年里，他积累了最核心的销售能力和管理能力。

2016 年，因为一次偶然的交流，杨静、陈润阳、张平，3 位怀揣着同样梦想年轻人碰撞到了一起。志同道合的他们，从梦想到抱负，从趋势到未来，从下午谈到了第二天天明。新的思绪开始萌芽，他们开始了创业的规划。连续长达一个月的碰撞，从教育到社区电商，再到互联网营销，一切都在改变着，唯一不变的是初心：一定要做一件助人的、对社会有意义的、能帮助人们解决问题的事情。稚嫩的他们，用自己萌发的信念定下了一个愿景：在最短的时间帮助最多的人，家庭幸福、事业成功，人生更圆满，孩子更自信。

目前营销人遇到的最大的难题就是产品卖不出去，所有企业前端最核心的问题就是流量。于是，几个人萌生出一个大胆的想法：能不能做出一个平台，帮助营销人更简单地把产品卖出去。

他们将想法付诸实践，开始构思自己的产品，研究各种 APP、公众号，总结自己的营销经验，并将这些思维糅合。在这一系列准备之下，初版的“链脉 AI 名片”的构思诞生了！

在那时，生活仍拮据的 3 人一起凑齐了 1 万多块钱，作为初创基金注册公司。他们找到猪八戒的威客，将一个一个的想法做成了一张一张的思维导图。

没有背景、没有人脉、没有资源，三个人一度陷入焦虑，一筹莫展。于是他们想到了去寻求政府的资助。为此，三个人花费了几天时间，反复修改，写了厚厚的一本融资商业计划书，带着满满的信心找到相关单位。

想象总是很美好，但现实往往不如人意。由于没有产品、没有团队，他们的计划书直接当场被否定，相关单位拒绝资助，所有的辛苦付之一炬。

少年人永远不差激情，他们并没有放弃，而是怀揣着心中的理想与渴望，开始向众人描绘他们的规划蓝图。通过不懈的努力和连日累月的四处奔波，终于收到了一丝成效。他们的热情打动了 3 位投资者，愿意相信他们的梦想。这一次，总共为他们赢得了 10 万元的投资。

10 万元，拿在手上的感觉是沉甸甸的。这是少年人汗水的收获，也是梦想的起源。带着内心的激动与忐忑，三人找到了当地的互联网开发平台。

当他们正热血飞扬地诉说梦想、抒发愿景，为开发平台细致讲解项目和规划的同时，开发平台的负责人在台下昏昏欲睡。当一切讲完，密闭的空间内瞬间安静，平台的负责人摇摇头，眼神轻蔑，只说了一句话："太异想天开了！"一盆冷水兜头而来，所有的规划被否认，浇灭了刚燃起希望的火苗。

一路沉默。

回来后，沉静的气氛依然萦绕在每个人身边。忘了是谁打破了沉默，"别人不行的事不代表我们不行"。年轻无畏，三人又重新打起精神，沟通了一个晚上，做出了决定。"三顾茅庐"又为何不可？他们一次又一次去找平台负责人，最终，平台团队被这群年轻人的执着所感动，答应帮助开发软件。

2017 年 2 月，团队度过了最早期的艰难阶段，脱离了阴暗潮湿的地下室，链脉正式入驻解放碑。虽然当时整个团队只有 8 人，但是他们却投入了大量资金，找了 300 多平方米的场地，装修了可以容纳 50 人的会场。因为他们坚信，自己的事业一定会很快发展。所幸当时的房东正好是这栋楼的开发商，为了支持这群年轻人，他免费提供了楼顶广告位为链脉做宣传。

2017 年 5 月，他们召集了所有的客户朋友，在 40 多人的会场，开启

了第一场招商会。在会上，创始人陈润阳讲得慷慨激昂，但直到结束，依旧没有一个人选择合伙。会议结束，人去楼空，只留下空荡荡的 8 个人。

一次又一次的失败，让这群人停下了脚步，身体与精神上的巨大压力，一度打击着每个人的信心。他们开始不断思考着一个问题，自己到底还差了些什么？

2017 年 6 月，在极度艰难的情况下，经过了一番激烈的思想斗争，他们咬咬牙，决定走出去，去学习。因为只有走出去才会打开思维，开阔视野。

他们几经周折，来到广州，参加互联网行业内的名师课程，在课堂上他们勤思敏言，提出自己的疑惑，并请教老师。老师被他们的创业梦想打动，认真指导，并应邀成为公司的顾问。

2017 年 7 月，链脉启动规范运营计划，在董事长陈润阳、总经理杨静、副总张平的带领下，开始组建自己的研发团队，迅速链接重庆知名的财税法团队、风控团队。

互联网的世界充满奇迹。因为链脉 AI 名片走的是全民营销的路线，在使用链脉 AI 名片的同时，所有的使用者也是平台的推广者，因此无形之中，就为链脉 AI 名片进行了大量推广。这是一次大规模裂变，梦想从此开始起航。

创业感悟

我和我的合伙人在创办重庆链脉网络科技有限公司时，经历了很多困难和失败，但我们从未退缩，从未停步，在一次次产品和技术迭代升级中，不断优化我们的服务，使企业逐步走上了发展的快车道。

失败并不可怕，只要能从失败中提取成功的经验，就是最宝贵的财富。创业没有一帆风顺的胜利，所有的不如意，都是在你成功创业之时最值得回忆的宝藏。

痛苦别浪费，好好长智慧。创业成长的道路充满了挑战和磨难，但就是这些磨难，造就了创业成长道路中最宝贵的财富，机遇、成功往往就躲在人们最不想要的痛苦、挫折和困难中。每一次的技术、产品、服务的迭代升级，都是在挑战我们的痛苦区，脱离我们的舒适区，慢慢就会发现，别人认为的痛苦区已经变成了你的舒适区。当下所有的努力和付出都是为了在未来当困难来临时，你能够处变不惊、淡定从容。

不要用自己的时间见证别人的成长和梦想成真，人生处处都是舞台，你不把握，就只能眼睁睁地看着别人把握，最后花着自己的时间，见证别人实现了他的梦想。

导师点评

创业始于梦想。杨静听了老师的一句话“不要用自己的时间见证别人的成长和梦想成真”，内心触动很大，开始参与学生社团活动，在社会实践中激发出创业意识和梦想动力。但梦想不能理想化，只存在于头脑中，而应将其具象化，在现实中展开。这就必须要找到创业梦想开始的那个点，即客户的痛点。如何解决产品的营销问题是无数企业的痛点，尤其是初创企业在经历产品研发的煎熬后，还将面临市场接受度的考验。

创业一定要先做市场调查，从客户的需求中去发现创业机会，然后把机会进一步系统化思考，形成商业计划书。从创业想法到执行方案，中间将经历“肯定—否定—再否定”的过程，也会伴随着兴奋、沮丧，甚至想放弃的想法，只有经历这样反复的思考，创业项目才可能具有可操作性。

创业困于资源。杨静的创业项目是做一个 APP，一款帮助企业营销推广的软件。互联网项目必须借助风险投资才能发展，因为早期研发 APP 需要投入资金，有了 APP 后需要投入更多资金做营销推广，才能吸引大量用户下载与关注，当平台拥有更多用户后，APP 才具有商业价值。因此，互联网项目早期和中期基本都无法盈利，需要足够的资本来支撑。比如阿里巴巴、美团、京东和拼多多等，都是靠资本输血，靠补贴、价格战获得流量，再通过上市融资，资本方获得投资变现，股东获得资本增值，企业从资本市场融资来支撑企业进一步扩大规模和快速发展。杨静同学的项目也在寻找资本的过程中经历了各种拒绝与煎熬，但他不轻言放弃，最后获得资本方的认可，正式挂牌中国青年创新创业板。有了资本的助力，项目获得了快速发展。

创业成于模式。杨静的项目能够成功发展，除了靠谱的团队，资本的助力，更重要的是有一个好的模式。该项目应用社交裂变的模式，让每一个用户都成为项目合伙人，成为项目的实际利益者，激发用户的参与感、获得感，这样促使项目团队快速裂变。该项目仅用一年多的时间，实现了跨越式发展，公司建立了 40 余家营销中心，并布局海外市场。在快速扩张的而同时，我们也要冷静地看到，企业成长是一个渐进的过程，企业运营是一个精细化管理的过程，必须有相应的制度、流程和标准，团队也需要磨合和成长。当企业发展过快时，企业创始人一定要保持清晰的头脑，把握好发展的节奏。企业任何时候都不能放松对产品和服务质量的提升和把控，否则企业就会失去客户，失去市场。

点评导师：重庆交通大学　朱辉荣